アガサ・クリスティーに関係《かんけい》した地域《ちいき》

イギリスで生《う》まれたアガサ・クリスティーに関係《かんけい》した場所《ばしょ》とできごとを記《しる》した地図《ちず》です。

1930年《ねん》　マックスと再《さい》婚後、エディンバラに引《ひ》っ越《こ》す。

1890年《ねん》　9月《がつ》15日《にち》、3人《にん》きょうだいの末《すえ》っ子《こ》として生《う》まれる。
1905年《ねん》　女学校《じょがっこう》ではじめての学園《がくえん》生活《せいかつ》を経験《けいけん》。
1908年《ねん》　インフルエンザからの回《かい》復期《ふくき》にはじめての短編小説《たんぺんしょうせつ》『美女《びじょ》の家《いえ》』を書《か》く。
1914年《ねん》　第一次世界大戦中《だいいちじせかいたいせんちゅう》、篤志《とくし》看護師《かんごし》、薬剤師《やくざいし》として働《はたら》き、毒薬《どくやく》の知識《ちしき》を得《え》る。
1916年《ねん》　処女作《しょじょさく》『スタイルズ荘《そう》の怪事件《かいじけん》』を書《か》きあげる。

1905年《ねん》　パリの寄宿学校《きしゅくがっこう》に留学《りゅうがく》。本格的《ほんかくてき》に声楽《せいがく》とピアノに打《う》ちこむ。

1896年《ねん》　父親《ちちおや》の健康状態《けんこうじょうたい》が悪化《あっか》し、一家《いっか》で南《みなみ》フランスに半年間移住《はんとしかんいじゅう》。

コミック版
世界の伝記
㊳

アガサ・クリスティー

漫画：瑞樹奈穂　監修：北澤和彦

コミック版 世界の伝記㊳

アガサ・クリスティー

目次《もくじ》

ためになる学習資料室《がくしゅうしりょうしつ》

※この作品は、歴史文献をもとにまんがとして再構成したものです。

登場人物紹介《とうじょうじんぶつしょうかい》

アガサ・クリスティー

世界中《せかいじゅう》で愛《あい》されるキャラクターや作品《さくひん》を生《う》みだした「ミステリーの女王《じょおう》」。空想《くうそう》好《ず》きで内気《うちき》な少女時代《しょうじょじだい》を送《おく》る。インフルエンザからの回《かい》復期《ふくき》に、母《はは》にすすめられて小説《しょうせつ》を書《か》きはじめ、のめりこむ。好奇心旺盛《こうきしんおうせい》で冒険《ぼうけん》が大好《だいす》き。

アーチボルド・クリスティー

ダンスパーティーで知《し》りあい結婚《けっこん》した、アガサのひとり目《め》の夫《おっと》。軍人《ぐんじん》や大英帝国博覧会《だいえいていこくはくらんかい》の宣伝《せんでん》大使《たいし》など、色《いろ》いろな職業《しょくぎょう》につく。

マックス・マローワン

旅行先《りょこうさき》のウルで出会《であ》ったアガサのふたり目《め》の夫《おっと》。考古学者《こうこがくしゃ》として活《かつ》躍《やく》。結婚後《けっこんご》はアガサを連《つ》れてイラクやシリアへ発掘旅行《はっくつりょこう》へでかける。

フレデリック・ミラー

アガサの父親《ちちおや》。アメリカの実業家《じつぎょうか》で、イギリスに移住《いじゅう》して裕福《ゆうふく》な暮《く》らしをしていたが、投資《とうし》に失敗《しっぱい》したショックで体調《たいちょう》をくずし、アガサが１１歳《さい》の年《とし》に亡《な》くなる。

クララ・ベーマー

アガサの母親《ははおや》。独特《どくとく》な感性《かんせい》を持《も》ち、アガサをさまざまな学校《がっこう》へ通《かよ》わせた。アガサに小説《しょうせつ》を書《か》くことをすすめた。

レナード・ウーリー

イギリスの考古学者《こうこがくしゃ》。中《ちゅう》東《とう》、ウルの遺跡《いせき》を発掘《はっくつ》。アガサがオリエント急行《きゅうこう》で遺跡《いせき》を訪《おとず》れた際《さい》、あたたかくむかえ、案内《あんない》した。

マージョリー

アガサの姉《あね》。自身《じしん》でも小説《しょうせつ》を書《か》き、雑誌《ざっし》に投《とう》稿《こう》して掲載《けいさい》されることもあった。アガサと仲《なか》がよく、目標《もくひょう》となった。

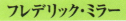

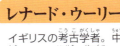

序章《じょしょう》 名探偵《めいたんてい》ポアロ、誕生《たんじょう》

一九一六年頃《ねんごろ》
第《だい》一次《じ》世《せ》界《かい》大《たい》戦《せん》さなかのイギリス
カタタン…
カタタン…
カタタン…
あの人《ひと》……
私《わたし》が小説《しょうせつ》で書《か》こうとしている「犯人《はんにん》」そのものだわ！
それにあっちの女性《じょせい》

彼女《かのじょ》も登場人物《とうじょうじんぶつ》に使《つか》えるわ
元気《げんき》のいい女性《じょせい》……
そうね 名前《なまえ》はイヴリン
彼女《かのじょ》は被害者《ひがいしゃ》の親類《しんるい》……
それとも家政婦《かせいふ》かしら
あと登場人物《とうじょうじんぶつ》は……
あ
探偵《たんてい》が必要《ひつよう》だわ
探偵小説《たんていしょうせつ》だもの
どうしようかしら……
シャーロック・ホームズは大好《だいす》きだけど
彼《かれ》のような探偵《たんてい》は書《か》けそうにないし
アルセーヌ・ルパンは…… 探偵《たんてい》か犯罪者《はんざいしゃ》かわからないし

※1 一九〇八年に刊行された、フランスの推理小説

バン
『※1黄色《きいろ》い部屋《へや》の秘密《ひみつ》』のルウルタビイユ……
ううん それも難《むずか》しいわね
あっ
スミマセン
い
いえ……
あの人見知《ひとみし》りな感《かん》じ
※2イギリスに亡命《ぼうめい》してきたベルギー人《じん》ね
あちらは戦争《せんそう》の影響《えいきょう》が大《おお》きいようだし
ハッ
……ベルギー人《じん》
そうだわ
探偵《たんてい》が外国人《がいこくじん》だっていいじゃない!
イギリスに亡命《ぼうめい》してきた元警察官《もとけいさつかん》のベルギー人《じん》!

※2 政治《せいじ》や宗教《しゅうきょう》などの事情《じじょう》により、本国《ほんごく》から他国《たこく》にのがれること

引退《いんたい》する前《まえ》は
優秀《ゆうしゅう》な刑事《けいじ》だったから
犯罪《はんざい》の知識《ちしき》が豊富《ほうふ》なの
きちょうめんな
小男《こおとこ》で…
いつも物《もの》を整頓《せいとん》している
きちんとふたつ
物《もの》をそろえておかなければ
気《き》がすまない
ものを丸《まる》くまとめる
のは嫌《きら》いできちんと
四角《しかく》にしておきたい
ものすごく頭《あたま》が
よくなきゃいけないわ
灰色《はいいろ》の小《ちい》さな
脳細胞《のうさいぼう》がなくっちゃ……
「灰色《はいいろ》の小《ちい》さな
脳細胞《のうさいぼう》」
この表現《ひょうげん》は
いいわ！

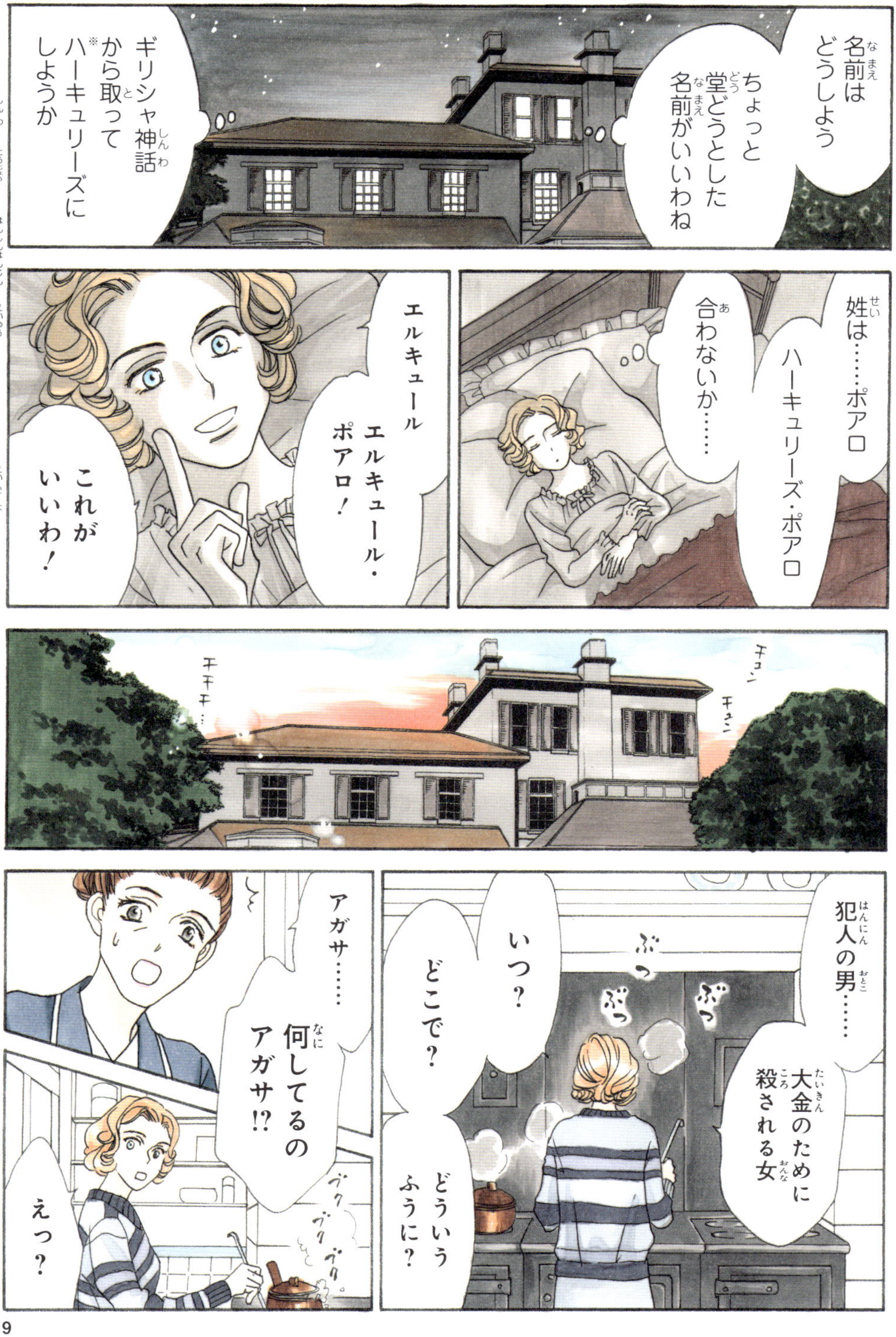

※ギリシャ神話《しんわ》に登場《とうじょう》する半神半人《はんしんはんじん》の英雄《えいゆう》、「ヘラクレス」の英語読《えいごよ》み

ブワッ
ジュワアアア
わっ
きゃあっ
容疑者《ようぎしゃ》は多《おお》い方《ほう》がいいわ
被害者《ひがいしゃ》の息子《むすこ》……娘《むすめ》
あるいは甥《おい》?
……アガサ それって……
えっ?
あらっ? 何《なに》か 変《へん》ね……
アガサ どうしたの? あなた この頃《ごろ》おかしいわ
お母《かあ》さん じつはね……
まあ!
探偵小説《たんていしょうせつ》を!?

それは
いい気分転換《きぶんてんかん》に
なりそうね
ぜひ完成《かんせい》
させなさいな
メリィ
ジョン
イヴリンが…
……できた
完成《かんせい》だわ……！

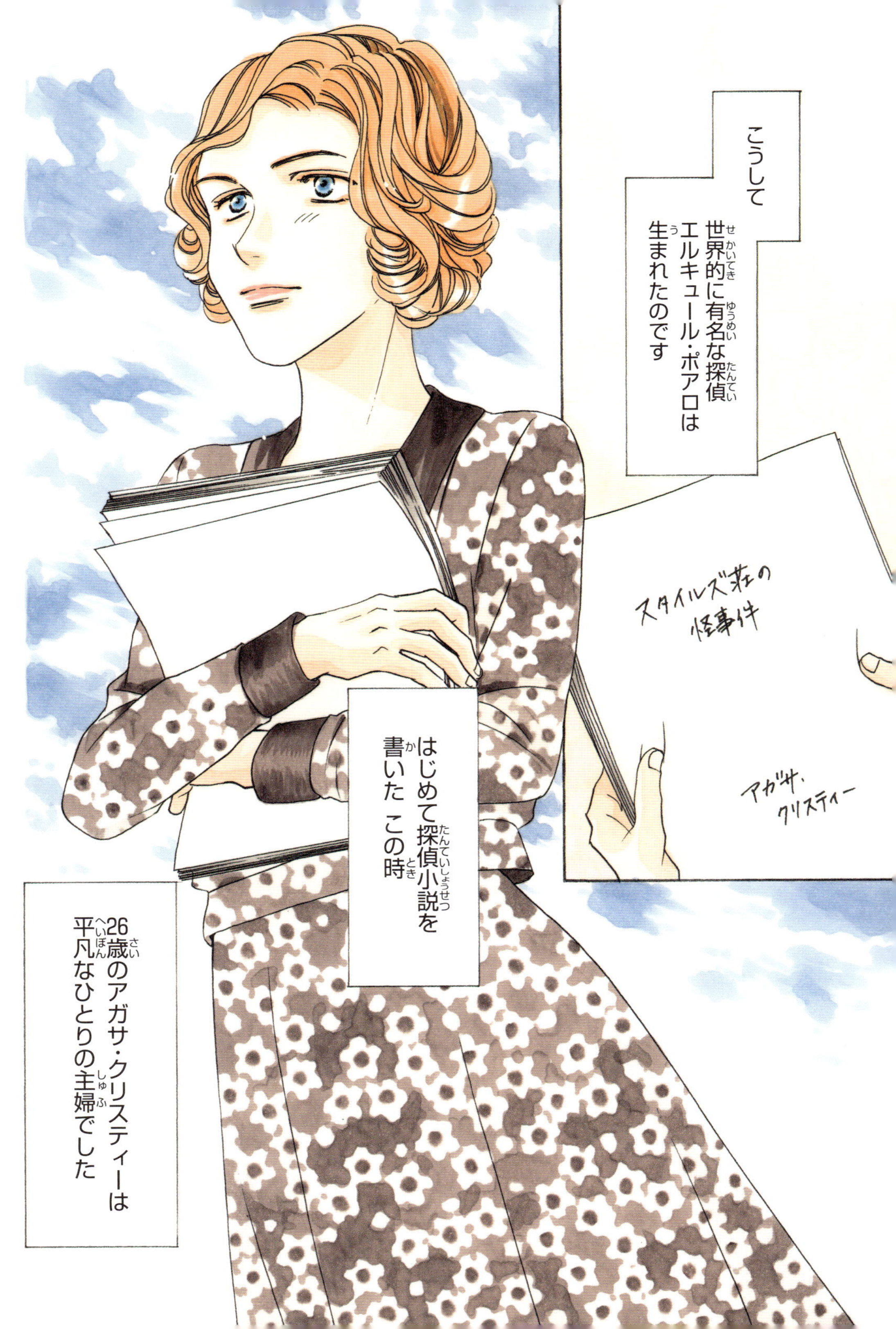

こうして
世界的《せかいてき》に有名《ゆうめい》な探偵《たんてい》
エルキュール・ポアロは
生《う》まれたのです
スタイルズ荘の
怪事件
アガサ・
クリスティー
はじめて探偵小説《たんていしょうせつ》を
書《か》いた この時《とき》
26歳《さい》のアガサ・クリスティーは
平凡《へいぼん》なひとりの主婦《しゅふ》でした

第1章《だいしょう》 幸《しあわ》せな少女時代《しょうじょじだい》

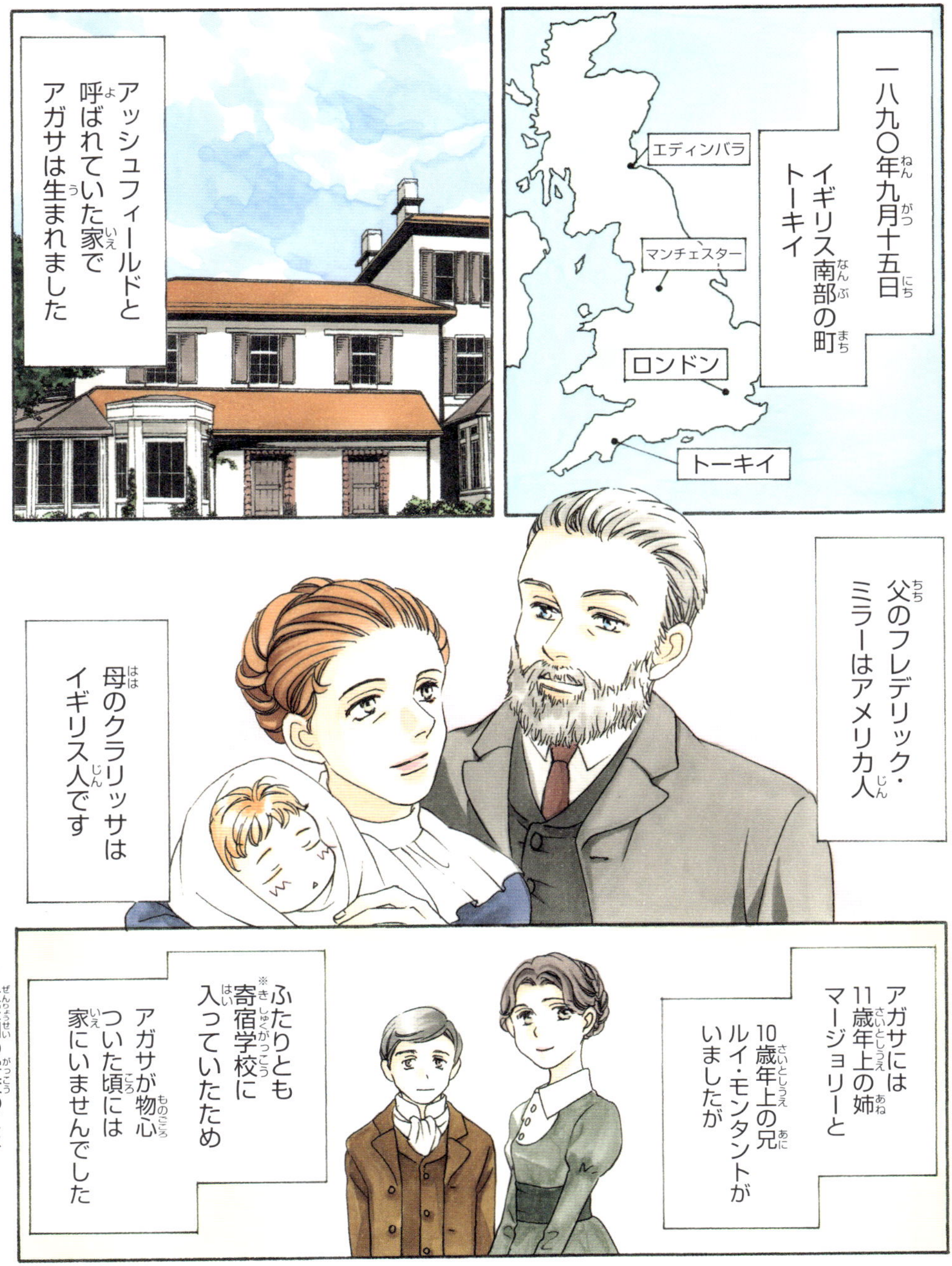

一八九〇年《ねん》九月《がつ》十五日《にち》
イギリス南部《なんぶ》の町《まち》
トーキイ
エディンバラ
マンチェスター
ロンドン
トーキイ
アッシュフィールドと呼《よ》ばれていた家《いえ》でアガサは生《う》まれました
父《ちち》のフレデリック・ミラーはアメリカ人《じん》
母《はは》のクラリッサはイギリス人《じん》です
アガサには11歳年上《さいとしうえ》の姉《あね》マージョリーと10歳年上《さいとしうえ》の兄《あに》ルイ・モンタントがいましたが
ふたりとも※寄宿学校《きしゅくがっこう》に入《はい》っていたため
アガサが物心《ものごころ》ついた頃《ころ》には家《いえ》にいませんでした

※全寮制《ぜんりょうせい》の学校《がっこう》のこと

子《こ》どもは8歳《さい》になるまでは字《じ》を読《よ》ませない方《ほう》が
目《め》にも頭《あたま》にもいいらしいのよ
……ほほう
姉《あね》のマッジの時《とき》は 学校《がっこう》へやってしまったけれど……
この子《こ》は家《いえ》にいさせようと思《おも》います
私《わたし》が自分《じぶん》で教育《きょういく》するわ!
わかった……
君《きみ》に任《まか》せるよ
当時《とうじ》 学校《がっこう》へ行《い》くことは義務《ぎむ》ではなかったため
自宅《じたく》に家庭教師《かていきょうし》を呼《よ》んで勉強《べんきょう》する子《こ》どももいました
また 特《とく》にお金持《かねも》ちでなくても 家《いえ》には使用人《しようにん》がいるのがふつうのことで
アガサの家《いえ》でも使用人《しようにん》たちが それぞれの役割《やくわり》に誇《ほこ》りを持《も》って働《はたら》いていました

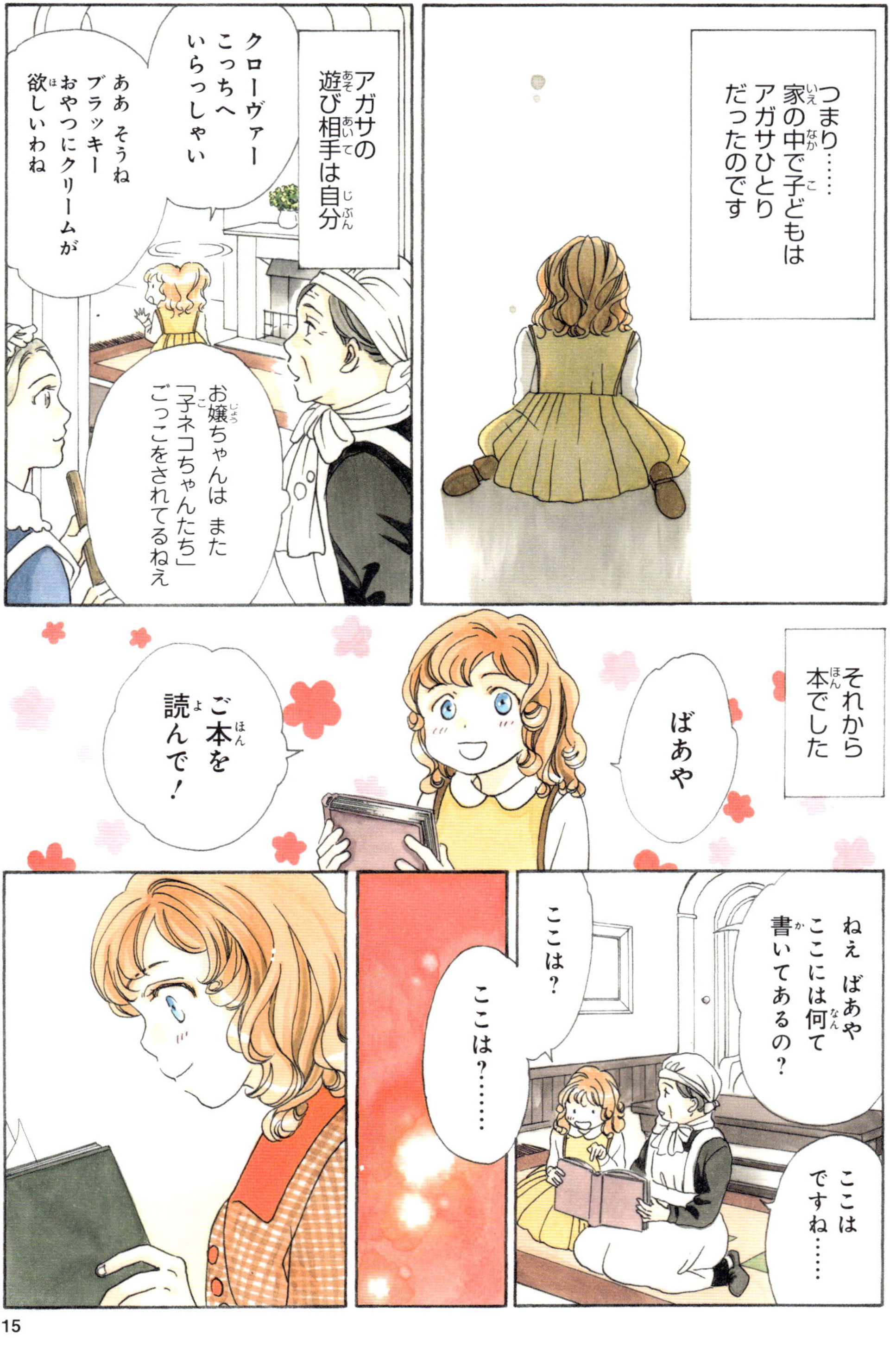
つまり……家《いえ》の中《なか》で子《こ》どもはアガサひとりだったのです
アガサの遊《あそ》び相手《あいて》は自分《じぶん》
クローヴァー こっちへ いらっしゃい
ああ そうね ブラッキー おやつにクリームが欲《ほ》しいいわね
お嬢《じょう》ちゃんは また「子《こ》ネコちゃんたち」ごっこをされてるねえ
それから本《ほん》でした
ばあや
ご本《ほん》を読《よ》んで！
ねえ ばあや ここには何《なん》て書《か》いてあるの？
ここはですね……
ここは？
ここは？……

そんな
ある日《ひ》……
………
………
あの
アガサお嬢《じょう》ちゃん
そのご本《ほん》
ばあやに
読《よ》んで聞《き》かせて
いただけますか？
ええ
いいわよ
スラ
スラ
スラ
……！

奥様《おくさま》………!
申《もう》し訳《わけ》ありません アガサお嬢《じょう》さんは どうやら文字《もじ》が お読《よ》みになれる ようです……
えっ!?
あらまあ 何《なん》てこと! あの子《こ》はまだ 4歳《さい》なのに!
まあまあ いいこと じゃないか
読《よ》めるんなら 書《か》く方《ほう》も習《なら》った 方《ほう》がいいだろう
私《わたし》が教《おし》えるよ
カリ
カリ
カリ…
…… 書《か》く練習《れんしゅう》は 好《す》きじゃないわ

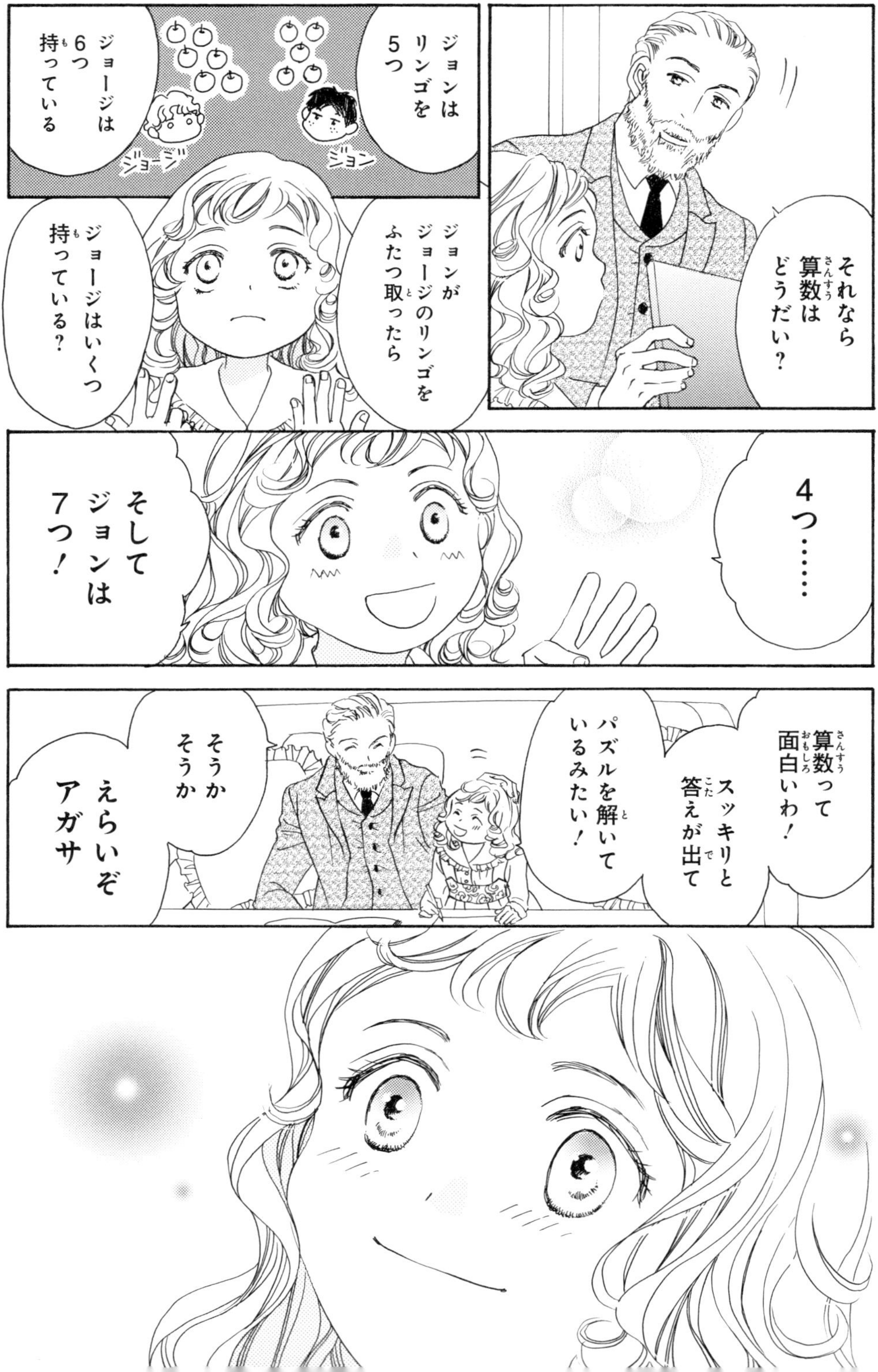
それなら算数《さんすう》はどうだい？
ジョンはリンゴを5つ
ジョン
ジョージは6つ持《も》っている
ジョージ
ジョンがジョージのリンゴをふたつ取《と》ったら
ジョージはいくつ持《も》っている？
4つ……
そしてジョンは7つ！
算数《さんすう》って面白《おもしろ》いわ！
スッキリと答《こた》えが出《で》て
パズルを解《と》いているみたい！
そうかそうか
えらいぞアガサ

5歳《さい》になると
新《あたら》しいともだちができました
パタパタパタ
ハッ
ハッ
ハッ
……
スタスタスタ
なんだ……
うれしくないのかな アガサは
うれしすぎて表現《ひょうげん》できないんですよ
私《わたし》の犬《いぬ》……
私《わたし》の犬《いぬ》よ！
自分《じぶん》の犬《いぬ》なのよ‼
キャーッ

そして……
アガサ!
マッジ!
元気《げんき》よ マッジ! おかえりなさい
留学《りゅうがく》していた姉《あね》がパリ※から帰《かえ》ってきたのです
ただいま アガサ
元気《げんき》だった?
マージョリー 16歳《さい》
マッジ! ねえ マッジ
あのお話《はなし》して!

※フランスの首都《しゅと》

あのお話《はなし》って
「上《うえ》のお姉《ねえ》さん」のお話《はなし》？また？
聞《き》きたいの！お願《ねが》い！
……いい？
私《わたし》たちにはもうひとりお姉《ねえ》さんがいるの
コービン岬《みさき》の洞窟《どうくつ》に住《す》んでいてね
ときどきこの家《いえ》にもやってくるの
「上《うえ》のお姉《ねえ》さん」は私《わたし》にそっくりだから
アガサには見分《みわ》けがつかないかもね
……ねえアガサ
私《わたし》が本当《ほんとう》にマッジだと思《おも》う？
それとも……
イヤアア…

マッジ！
そんなふうに妹《いもうと》をこわがらせるものじゃありません！
いくら趣味《しゅみ》で小説《しょうせつ》を書《か》いているからって……
だってアガサが聞《き》きたいって言《い》うんだもの
ドキドキ
……ワクワク
不思議《ふしぎ》
こわいってちょっと楽《たの》しい……
この頃《ころ》ミラー家《け》では大《おお》きな問題《もんだい》が起《お》きていました
ガサ
……

どうなの？あなた
わからん……
わからんがどうやらわれわれの財産《ざいさん》が……
……っ!?
ドザッ
あなた!?
アガサの両親《りょうしん》は裕福《ゆうふく》で働《はたら》かなくてもお金《かね》に困《こま》ることはありませんでした
ところが財産《ざいさん》の管理《かんり》を任《まか》せていた人物《じんぶつ》のミスでお金《かね》がほとんど入《はい》ってこなくなってしまったのです
そんな心配事《しんぱいごと》を抱《かか》えたせいか父親《ちちおや》は体調《たいちょう》を崩《くず》してしまいました

仕方《しかた》ない……
この家《いえ》を人《ひと》に貸《か》して われわれは しばらく外国《がいこく》に住《す》もう
そうね あなたの体《からだ》のためにも きっと それがいいわ
アガサの住《す》んでいたトーキイは イギリスの中《なか》でもリゾート地《ち》として有名《ゆうめい》で
高《たか》い家賃《やちん》で家《いえ》を借《か》りてくれる人《ひと》はたくさんいました
じつは この頃《ころ》 イギリス以外《いがい》で暮《く》らす方《ほう》が生活費《せいかつひ》はずっと安《やす》くすんだのです
ミラー一家《いっか》は半年《はんとし》ほどフランスで暮《く》らしました
イギリス
フランス
アガサはそこでフランス語《ご》を習《なら》い
水泳《すいえい》も覚《おぼ》えました
Jáime les chiens.
C'est aussi mon

旅《たび》を終《お》え
アッシュフィールドへ戻《もど》ると
本格的《ほんかくてき》にピアノも
習《なら》いはじめました
アガサ、こちらは
フロイライン先生《せんせい》
今日《きょう》から
ピアノを教《おし》えて
いただくのよ
よい基礎《きそ》を
身《み》につけなければ
上手《じょうず》になりません
きれいな曲《きょく》は
美《うつく》しい花《はな》の
ようなもの
咲《さ》かせるには
強《つよ》い根《ね》と葉《は》を
持《も》たねば
なりません
ピアノにダンスの練習《れんしゅう》
※ガーデンパーティ
演劇鑑賞《えんげきかんしょう》や
お祭《まつ》り
アガサは幸《しあわ》せな毎日《まいにち》を
過《す》ごしていました
11歳《さい》の秋《あき》に
父親《ちちおや》が肺炎《はいえん》で
亡《な》くなるまでは

……お母《かあ》さん
大丈夫《だいじょうぶ》……？
……大丈夫《だいじょうぶ》
大丈夫《だいじょうぶ》よ アガサ
大丈夫《だいじょうぶ》……
……ああ
うちに お父《とう》さんは もういないんだ
これからは 私《わたし》が お母《かあ》さんを 守《まも》らなきゃ…

第《だい》2章《しょう》　はじめての小説《しょうせつ》

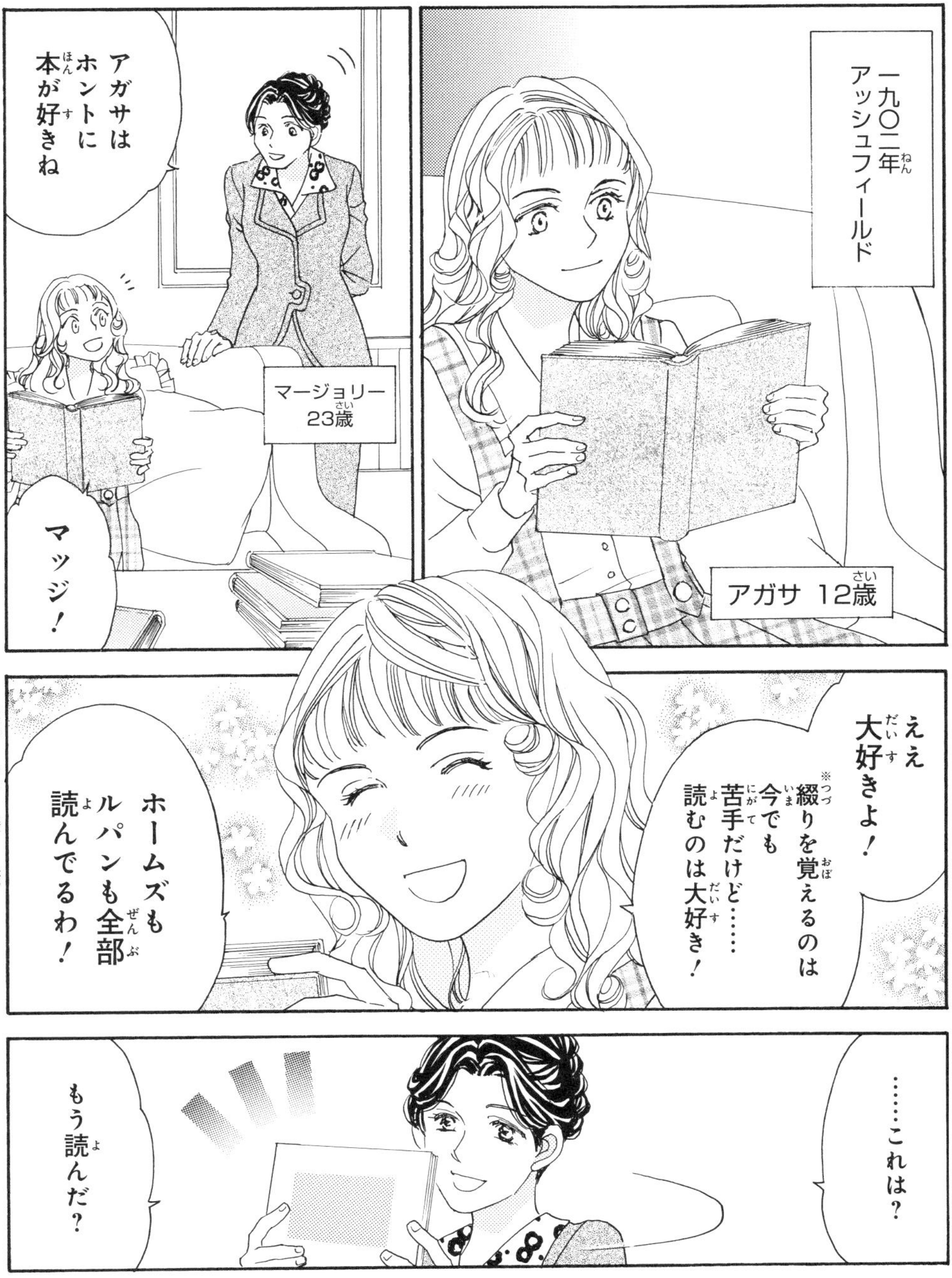

※単語《たんご》の文字《もじ》の正《ただ》しい並《なら》び

『※ヴァニティ・フェア』ね！
マッジ！また作品《さくひん》が載《の》ったの？
ええ、そうよ読《よ》んでみて！
マッジの書《か》いた短編小説《たんぺんしょうせつ》は出版社《しゅっぱんしゃ》に認《みと》められて雑誌《ざっし》に掲載《けいさい》されることもありました
スポーツがテーマなのね
ええ
……面白《おもしろ》いわ
こんな小説《しょうせつ》が書《か》けるなんてマッジは本当《ほんとう》にすごいわ！
アガサをとてもかわいがってくれた姉《あね》マッジは
この年《とし》の九月《がつ》に結婚《けっこん》して家《いえ》を出《で》ました

※一八六八年《ねん》から一九一四年《ねん》まで刊行《かんこう》されていた、イギリスの週刊誌《しゅうかんし》

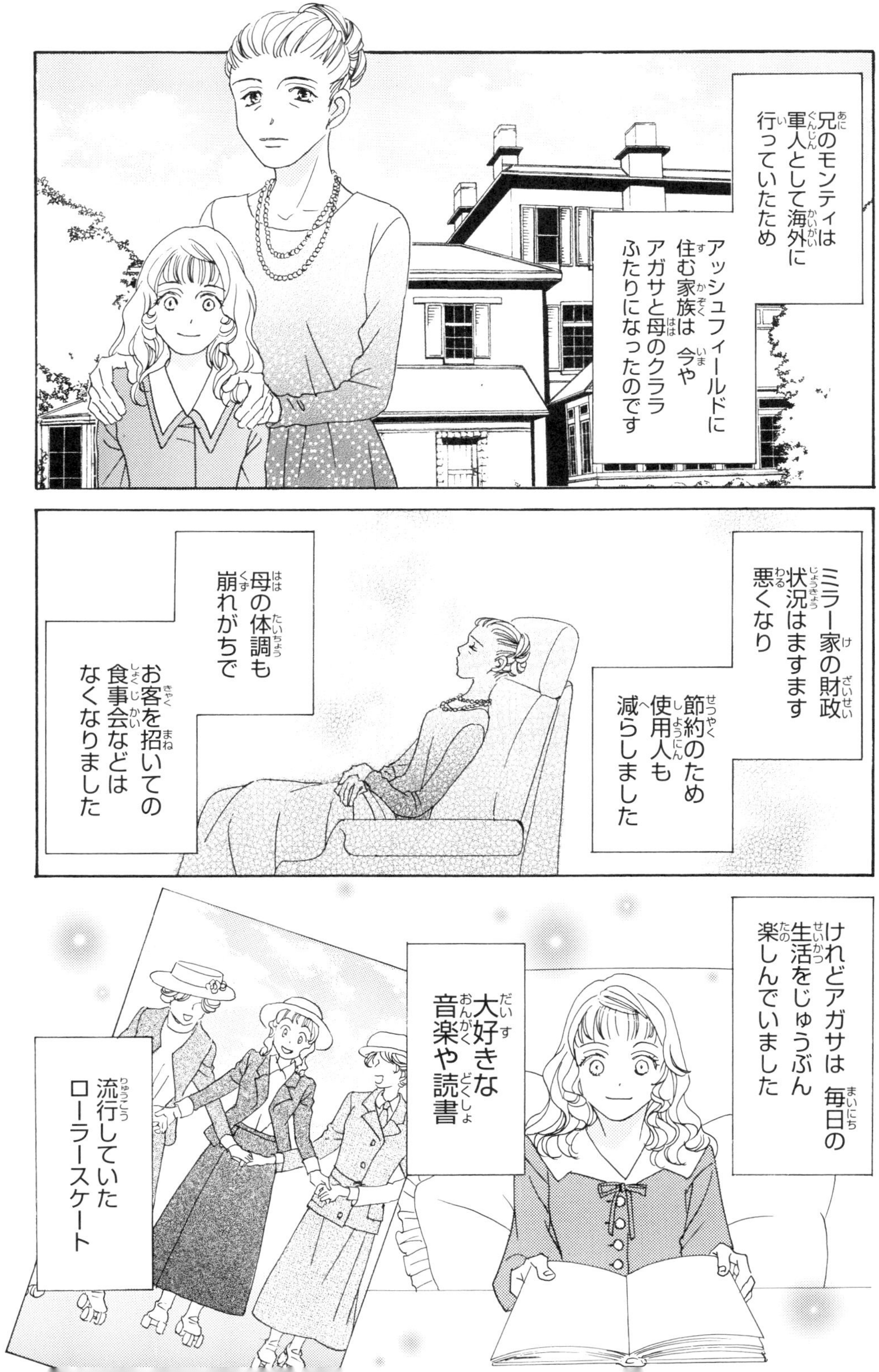
兄《あに》のモンティは軍人《ぐんじん》として海外《かいがい》に行《い》っていたため
アッシュフィールドに住《す》む家族《かぞく》は　今《いま》やアガサと母《はは》のクララふたりになったのです
ミラー家《け》の財政《ざいせい》状況《じょうきょう》はますます悪《わる》くなり
節約《せつやく》のため使用人《しようにん》も減《へ》らしました
母《はは》の体調《たいちょう》も崩《くず》れがちで
お客《きゃく》を招《まね》いての食事会《しょくじかい》などはなくなりました
けれどアガサは　毎日《まいにち》の生活《せいかつ》をじゅうぶん楽《たの》しんでいました
大好《だいす》きな音楽《おんがく》や読書《どくしょ》
流行《りゅうこう》していたローラースケート

※当時《とうじ》イギリスでは、女性《じょせい》が肌《はだ》を見《み》せるのは良《よ》くないこととされ、水泳《すいえい》の際《さい》も、ストッキングなどを着用《ちゃくよう》しなければならなかった

学校《がっこう》はどう？アガサ
数学《すうがく》はとっても楽《たの》しいわ
でも文法《ぶんぽう》はわけがわからないの
そう……
じゃあ女学校《じょがっこう》はやめましょうか
え？
アッシュフィールドはまた人《ひと》に貸《か》して
フランスへ行《い》きましょう
マッジが行《い》っていたパリの寄宿学校《きしゅくがっこう》に入《はい》ってみたらどうかしら！
パリではまずT女史《ティーじょし》の寄宿学校《きしゅくがっこう》で
フランス語《ご》とピアノのレッスンに熱中《ねっちゅう》しました

はい いいですよ アガサさん
この調子《ちょうし》なら学期末《がっきまつ》の発表会《はっぴょうかい》もうまくいきそうですね！
発表会《はっぴょうかい》……
リリリ
リン
はい ミラーです
……え？
アガサが!?
ハア
ハア
ハア
アガサ……
体《からだ》に悪《わる》いところはないようです

緊張《きんちょう》しすぎて熱《ねつ》が出《で》てしまったのでしょう
お嬢《じょう》さんは人前《ひとまえ》で何《なに》かをすることが苦手《にがて》なのかもしれませんね
発表会《はっぴょうかい》が終《お》わるまでは学校《がっこう》をお休《やす》みになった方《ほう》がいいと思《おも》いますよ
ホ…
母親《ははおや》は独特《どくとく》の感性《かんせい》の持《も》ち主《ぬし》だったようで
ひとつの学校《がっこう》にはこだわらず色《いろ》いろな教育《きょういく》をアガサに受《う》けさせました
T女史《ティーじょし》の学校《がっこう》にはもう行《い》かなくていいわ
次《つぎ》は「マロニエ」という学校《がっこう》に行《い》ってみたらどうかしら
マロニエ校《こう》はもうおしまいにしてミス・ドライデンの学園《がくえん》へ行《い》ったらいいわ

学校《がっこう》が変《か》わっても
ずっと熱心《ねっしん》に
取《と》りくんでいたのが
ピアノと
声楽《せいがく》でした
ダメだ……！
せっかく
えらい先生《せんせい》に
聴《き》いてもらえる
チャンスだったのに
練習《れんしゅう》ではもっと
うまく弾《ひ》けてたのに
なんで……
おつかれさま
アガサ
緊張《きんちょう》したのね
大丈夫《だいじょうぶ》
大勢《おおぜい》の前《まえ》で弾《ひ》く練習《れんしゅう》を
積《つ》めば　きっと慣《な》れるわ

……ありがとうございます
でも……
先生《せんせい》
私《わたし》はもっと努力《どりょく》したら
プロのピアニストになれるでしょうか？
練習《れんしゅう》を積《つ》めば演奏《えんそう》の技術《ぎじゅつ》は上《あ》がるだろう
ただ性格的《せいかくてき》にきみは……
ピアニストとして舞台《ぶたい》の上《うえ》で力《ちから》を発揮《はっき》することは難《むずか》しいように思《おも》う
……そうですか
本当《ほんとう》のことを言《い》ってくださって
ありがとうございます
……

先生《せんせい》……
どうですか？
そうね
とてもキレイな
※1ソプラノね
練習《れんしゅう》を積《つ》めば
コンサート歌手《かしゅ》には
なれると思《おも》うわ
私《わたし》 ※2オペラが
大好《だいす》きなんです
オペラ歌手《かしゅ》には
なれますか？
……

※1 女声《じょせい》の最《もっと》も高《たか》い音域《おんいき》のこと
※2 歌《うた》を中心《ちゅうしん》にして話《はなし》が進《すす》む舞台劇《ぶたいげき》のこと

あなたの声《こえ》は……オペラ向《む》きではないわ
力強《ちからづよ》さが足《た》りないの
それは 訓練《くんれん》では補《おぎな》えないものだと思《おも》う
……そうですか
わかりました……

お母《かあ》さん
私《わたし》 音楽《おんがく》の勉強《べんきょう》は もうやめるわ
これからは 趣味《しゅみ》で歌《うた》う
……そう
わかったわ
一九〇六年《ねん》 アガサ16歳《さい》の冬《ふゆ》
体調《たいちょう》を崩《くず》した母親《ははおや》の療養《りょうよう》を兼《か》ねて ふたりでエジプトのカイロに行《い》くことになりました
「※大英帝国《だいえいていこく》」の時代《じだい》
イギリス国民《こくみん》にとっては エジプトも「国内《こくない》」と同《おな》じでした
カナダ
イギリス
エジプト
インド帝国《ていこく》
オーストラリア
ニュージーランド
… イギリス領《りょう》

カイロ行《い》きにはアガサの社交界《しゃこうかい》デビューという目的《もくてき》もありました
ダンスパーティなどで年頃《としごろ》の娘《むすめ》をお披露目《ひろめ》し将来《しょうらい》の夫候補《おっとこうほ》を探《さが》す
このならわしはとてもお金《かね》がかかるものでしたが
ロンドンやパリでなくカイロでなら アガサも社交界《しゃこうかい》デビューすることができたのでした
カイロでの3か月《げつ》で数多《かずおお》くのダンスパーティに出席《しゅっせき》したくさんの青年《せいねん》と知《し》りあったものの
結婚相手《けっこんあいて》に出逢《であ》うことはありませんでした
けれど「内気《うちき》な性格《せいかく》が少《すこ》し取《と》りのぞかれた」と
後《のち》にアガサは語《かた》っています

一九〇八年《ねん》 イギリス アッシュフィールド
ねえ お母《かあ》さん
まだ出《で》かけてはダメ？
体《からだ》はすっかり治《なお》ったわ
アガサ 18歳《さい》
アガサ あなたは インフルエンザの 高熱《こうねつ》が下《さ》がったばかりなのよ
もう少《すこ》し寝《ね》ていなければダメ
でも もう本《ほん》もずいぶん読《よ》んだし 占《うらな》いなんか13回《かい》もやってしまったわ
退屈《たいくつ》なのよ！
……
短編小説《たんぺんしょうせつ》を書《か》いてみたらどう!?
小説《しょうせつ》？ マッジが書《か》いていたような？
無理《むり》よ 私《わたし》には……

※手書《てが》きの文字《もじ》を清書《せいしょ》するために使《つか》われていた機器《きき》

できた……！
アガサはそれから何本《なんぼん》も短編小説《たんぺんしょうせつ》を書《か》きました
そしてその度《たび》に出版社《しゅっぱんしゃ》に送《おく》ってみたのですが

……また返《かえ》ってきたわ
「残念《ざんねん》ながらこの小説《しょうせつ》は不採用《ふさいよう》となりました」
……まあそうよね
アガサは小説家《しょうせつか》になれるとも
なろうとも思《おも》っていませんでした
ただ楽《たの》しかったのです
物語《ものがたり》を考《かんが》えること
それを形《かたち》にすることが
アガサ！『黄色《きいろ》い部屋《へや》の秘密《ひみつ》』はもう読《よ》んだ？

※当時《とうじ》のフランスの人気作家《にんきさっか》

アガサが？
無理《むり》よ！
探偵小説《たんていしょうせつ》を書《か》くのって とっても難《むずか》しいのよ？
無理《むり》かどうか 書《か》いてみなければ わからないでしょ!?
いいえ 無理《むり》
賭《か》けてもいいわ
無理《むり》よ！
書《か》いて みせるわよ！
……探偵小説《たんていしょうせつ》は 無理《むり》だとしても
一度《いちど》 長編小説《ちょうへんしょうせつ》を 書《か》いてみようかしら
場所《ばしょ》はカイロに しよう
主人公《しゅじんこう》は 30歳前《さいまえ》の女性《じょせい》
カイロ
それから ふたりの男性《だんせい》
待《ま》って
主人公《しゅじんこう》を 耳《みみ》の遠《とお》い女性《じょせい》に してみたら どうかしら
そして
そして……

ああ ダメ
これじゃ長編《ちょうへん》には足《た》りないわ
そうだ
このふたつのお話《はなし》を組《く》みあわせて書《か》いてみたらどうかしら!
砂漠の雪
書《か》けたの? アガサ
ええ
どうかしら……
イーデン・フィルポッツさんに アドバイスをもらってみたら?
え
イーデンさんに?
恥《は》ずかしいわ……

イーデン・フィルポッツは
当時《とうじ》 売《う》れっ子《こ》の小説家《しょうせつか》で
その時《とき》 偶然《ぐうぜん》
アッシュフィールドの
隣《となり》に住《す》んでいたのです
彼《かれ》は アガサの
作品《さくひん》を読《よ》んで
親切《しんせつ》な手紙《てがみ》を
くれました
「あなたは会話《かいわ》を
書《か》くセンスが
すばらしい」
「初心者《しょしんしゃ》に
ありがちな話《はなし》の
組《く》みたて方《かた》も
書《か》きつづければ
よくなるでしょう」
「私《わたし》の※著作権代理人《ちょさくけんだいりにん》を
紹介《しょうかい》しますので 作品《さくひん》を
読《よ》んでもらってください」
紹介《しょうかい》された
著作権代理人《ちょさくけんだいりにん》は 原稿《げんこう》を
あずかってくれましたが
結局《けっきょく》……

※出版社《しゅっぱんしゃ》に作家《さっか》を紹介《しょうかい》したり、作家《さっか》の代理人《だいりにん》として、契約《けいやく》や権利《けんり》の管理《かんり》を行《おこな》う人《ひと》

「残念《ざんねん》ながら これは
どこの出版社《しゅっぱんしゃ》も採用《さいよう》しない
と思《おも》うのです」
・・
アガサの最初《さいしょ》の
長編小説《ちょうへんしょうせつ》は
本《ほん》に載《の》ることもなく
終《お》わりました
「新《あたら》しい小説《しょうせつ》を
書《か》いてみて
ください」……か
そうよね
そっか
パサッ
けれど この時覚《ときおぼ》えた
書《か》くことの楽《たの》しみや
イーデン・フィルポッツから
受《う》けたアドバイスが
後《のち》にアガサをまた
小説家《しょうせつか》の道《みち》へと
いざなうのです

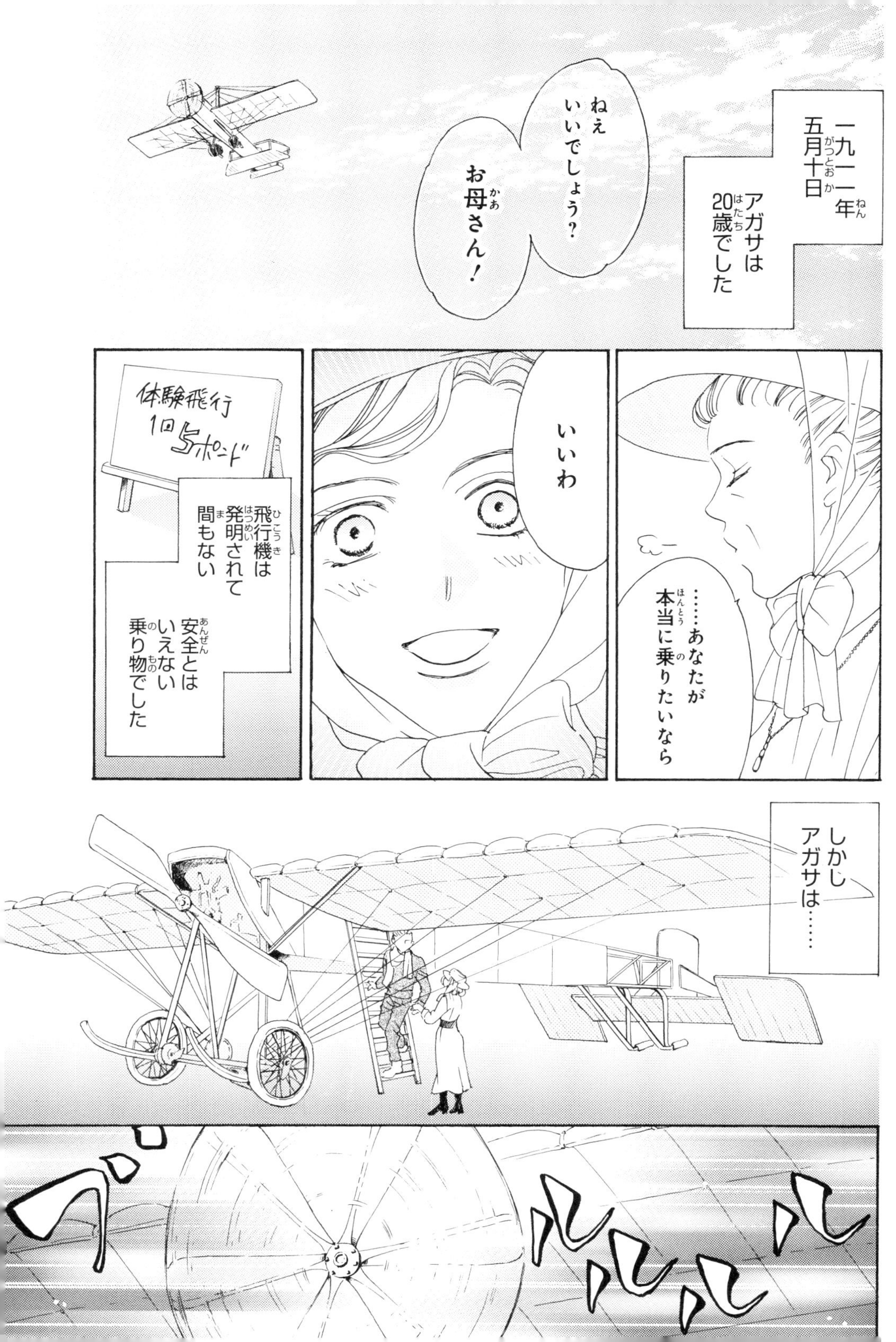
一九一一年《ねん》
五月十日《がつとおか》
アガサは20歳《はたち》でした
ねえ
いいでしょう?
お母《かあ》さん!
……あなたが本当《ほんとう》に乗《の》りたいなら
いいわ
体験飛行
1回5ポンド
飛行機《ひこうき》は発明《はつめい》されて間《ま》もない
安全《あんぜん》とはいえない乗《の》り物《もの》でした
しかしアガサは……
ブルルルル

……素敵《すてき》！
何《なん》て素敵《すてき》なの！
私《わたし》 空《そら》を飛《と》んでるのよ!!
人前《ひとまえ》に出《で》ることが苦手《にがて》な内気《うちき》な性格《せいかく》だったアガサ
けれどアガサはまた新《あたら》しい世界《せかい》へ恐《おそ》れることなく飛《と》びこんでいける
強《つよ》さの持《も》ち主《ぬし》でもあったのです

第《だい》3章《しょう》　作家《さっか》になるということ

一九一二年《ねん》
22歳《さい》のアガサは
ダンスパーティで知《し》りあった
アーチボルド・クリスティーという
ひとつ歳上《としうえ》の青年《せいねん》と恋《こい》に落《お》ち
一九一四年《ねん》の
クリスマス・イブに
24歳《さい》で結婚《けっこん》しました

アーチボルドは軍人《ぐんじん》
だったため
結婚《けっこん》してすぐに
戦場《せんじょう》へと行《い》って
しまいました
その年《とし》の夏《なつ》に
第《だい》一次世界大戦《じせかいたいせん》が
始《はじ》まっていたのです

戦争《せんそう》はなかなか終《お》わらず
戦場《せんじょう》で傷《きず》ついた兵士《へいし》たちが次《つぎ》つぎとイギリス本土《ほんど》に戻《もど》ってきました
アガサは研修《けんしゅう》を受《う》け篤志看護師《とくしかんごし》として病院《びょういん》で働《はたら》きました
篤志看護師《とくしかんごし》とはボランティアの看護師《かんごし》なのですが
人手不足《ひとでぶそく》のため正規《せいき》の看護師《かんごし》と変《か》わらないいそがしさでした
休《やす》みなく献身的《けんしんてき》に働《はたら》きつづけたアガサはある時《とき》
インフルエンザをこじらせて倒《たお》れてしまいました
1か月後《げつご》無事回復《ぶじかいふく》し職場《しょくば》に戻《もど》ると
病院《びょういん》には新《あたら》しい部門《ぶもん》ができていました
薬局
薬局《やっきょく》……
病《や》みあがりだし
ここで働《はたら》いてもらうことにするわ

調剤《ちょうざい》をするには資格《しかく》が必要《ひつよう》だから
助手《じょしゅ》の仕事《しごと》をしながら薬剤師《やくざいし》の勉強《べんきょう》をしてもらえる？
わかりました
看護師《かんごし》の仕事《しごと》もやりがいがあったけれど
この仕事《しごと》も面白《おもしろ》そうだわ
夜遅《よるおそ》くなることもないから
アガサは着実《ちゃくじつ》に薬局《やっきょく》の仕事《しごと》をこなしました
お母《かあ》さんにも心配《しんぱい》をかけずにすむわね
さらに薬剤師《やくざいし》の試験《しけん》のために 外部《がいぶ》の薬局《やっきょく》にも研修《けんしゅう》に行《い》き
多《おお》くの薬《くすり》の知識《ちしき》を身《み》につけていったのです
薬《くすり》の名前《なまえ》 量《りょう》のはかり方《かた》
調合《ちょうごう》 適量《てきりょう》
効能《こうのう》 副作用《ふくさよう》
その症状《しょうじょう》……

副作用《ふくさよう》……
薬《くすり》は毒《どく》にもなる
看護師《かんごし》をしている時《とき》よりは自分《じぶん》の時間《じかん》もあるし
小説《しょうせつ》を書《か》いてみようかしら
探偵小説《たんていしょうせつ》を
探偵小説《たんていしょうせつ》はアガサには無理《むり》よ
いつか書《か》いてみせるわ！
今《いま》の私《わたし》には薬《くすり》の知識《ちしき》がある
殺害《さつがい》に使《つか》うのは
……毒《どく》

殺《ころ》されるのは裕福《ゆうふく》な婦人《ふじん》
犯人《はんにん》は男《おとこ》で……人相《にんそう》はちょっと悪《わる》い方《ほう》がいいわ
黒《くろ》い口《くち》ひげを生《は》やそう
ハッ
あの人《ひと》……
イメージにぴったり！
探偵《たんてい》はベルギー人《じん》
名前《なまえ》はエルキュール・ポアロ
物語《ものがたり》の語《かた》り役《やく》が必要《ひつよう》ね
ホームズもののワトソンのような……

……どうしたの？
例《れい》の探偵小説《たんていしょうせつ》がうまくいかないの？
書《か》きだしも結末《けつまつ》もできているのだけど
中間《ちゅうかん》のすきまを埋《う》めるのが難《むずか》しいのよ
全体《ぜんたい》でどのくらいできているの？
半分《はんぶん》くらいかしら……
それなら残《のこ》りはお休《やす》みが取《と》れた時《とき》に一気《いっき》にやってしまったら？
そうね……ダートムアにでも行《い》って
ダートムアとはアガサの住《す》むトーキイから北西方向《ほくせいほうこう》にある広大《こうだい》な荒野《こうや》
草原《そうげん》や岩山《いわやま》からなるその光景《こうけい》はミステリアスで美《うつく》しく
今《いま》でも多《おお》くの人《ひと》が訪《おとず》れる観光地《かんこうち》です
ダートムア……

いいわね！
そうするわ
2週間《しゅうかん》の休暇中《きゅうかちゅう》
アガサはずっと書《か》きつづけました
午前中《ごぜんちゅう》 手《て》が動《うご》かなくなるまで書《か》き
昼食《ちゅうしょく》をとって 午後《ごご》は話《はなし》を練《ね》りながら散歩《さんぽ》
ホテルに帰《かえ》って 夕食《ゆうしょく》 そして 倒《たお》れるように眠《ねむ》り
12時間後《じかんご》 また 起《お》きて書《か》きました
できた……！

アガサはこの探偵小説《たんていしょうせつ》を色《いろ》いろな出版社《しゅっぱんしゃ》に送《おく》りましたが
スタイルズ荘の怪事件
アガサ・クリスティー
そのたびに送《おく》りかえされてきました
「大変面白《たいへんおもしろ》く良《よ》いところもあるのですが わが社《しゃ》には合《あ》わないようです」
……つまり全然《ぜんぜん》ダメってことね
まあ いいわ
次《つぎ》はどこの出版社《しゅっぱんしゃ》に送《おく》ろう？
……そういえばボドリー・ヘッド社《しゃ》でも最近《さいきん》探偵小説《たんていしょうせつ》を出《だ》してたわね
ボドリー・ヘッド社 御中
そのまま時《とき》は流《なが》れ……
一九一八年《ねん》
4年間続《ねんかんつづ》いた第《だい》一次《じ》世界大戦《せかいたいせん》は終《お》わりを告《つ》げ
夫《おっと》のアーチボルドも無事《ぶじ》に戻《もど》りました
一九一九年《ねん》には娘《むすめ》のロザリンドが誕生《たんじょう》
アガサは28歳《さい》で母親《ははおや》になったのです

新生活《しんせいかつ》に追《お》われる中《なか》
アガサの元《もと》に1通《つう》の手紙《てがみ》が届《とど》きました
「『スタイルズ荘《そう》の怪事件《かいじけん》』についてお話《はなし》がありますのでお越《こ》しください」
ボドリー・ヘッド社 御中
2年《ねん》ほども前《まえ》にあの原稿《げんこう》を送《おく》った出版社《しゅっぱんしゃ》
ボドリー・ヘッド社《しゃ》からでした
……え?
アガサさん この原稿《げんこう》は少《すこ》し手直《てなお》しすれば出版《しゅっぱん》できるかもしれません
お支払《しはら》いできるお金《かね》は少《すく》ないですが……
え 出版《しゅっぱん》……!?
私《わたし》の作品《さくひん》が本《ほん》になるということですか!?
直《なお》します 私《わたし》 きっと直《なお》せると思《おも》います!
では こちらの契約書《けいやくしょ》にサインを……

THE MYSTERIOUS AFFAIR AT STYLES
By
こうしてアガサの作品《さくひん》ははじめて本《ほん》になったのです
続《つづ》けて2冊《さつ》の本《ほん》を書《か》いた頃《ころ》
夫《おっと》のアーチーにも新《あたら》しい仕事《しごと》の話《はなし》が舞《ま》いこみました
世界一周《せかいいっしゅう》旅行《りょこう》!? 私《わたし》も一緒《いっしょ》に？
※1　一九二四～二五年《ねん》にイギリスで開《ひら》かれた、物品《ぶっぴん》や資料《しりょう》を持《も》ちよって一般公開《いっぱんこうかい》する催《もよお》しのこと
※2　イギリスの一部《いちぶ》でありつつ、国《くに》から独立《どくりつ》した自治権《じちけん》を持《も》っている地域《ちいき》のこと

そうなんだ 2年後《ねんご》の※1大英帝国博覧会《だいえいていこくはくらんかい》を成功《せいこう》させるために
大英帝国《だいえいていこく》の植民地《しょくみんち》をまわって※2各自治領《かくじちりょう》の協力《きょうりょく》を取《と》りつける仕事《しごと》だ
この仕事《しごと》を受《う》けたらぼくは今《いま》の職《しょく》を失《うしな》うかもしれない
帰国《きこく》した時《とき》は一文無《いちもんな》しだ
ロザリンドともしばらく離《はな》れることになる
どうする？アガサ
……冒険《ぼうけん》ね
大冒険《だいぼうけん》だ

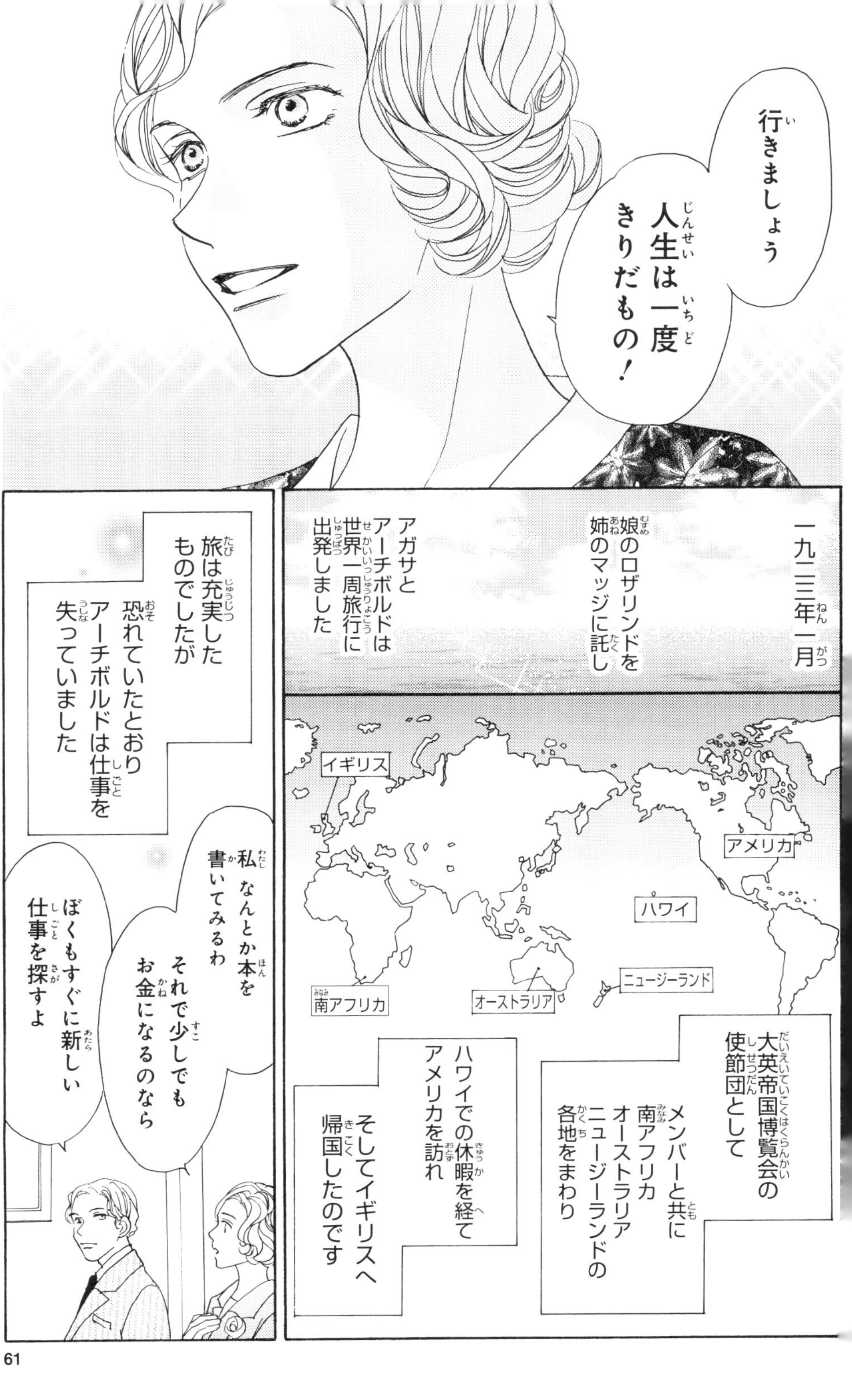
行《い》きましょう
人生《じんせい》は一度《いちど》
きりだもの！
一九二三年《ねん》一月《がつ》
娘《むすめ》のロザリンドを
姉《あね》のマッジに託《たく》し
アガサと
アーチボルドは
世界一周旅行《せかいいっしゅうりょこう》に
出発《しゅっぱつ》しました
イギリス
アメリカ
ハワイ
ニュージーランド
オーストラリア
南《みなみ》アフリカ
大英帝国博覧会《だいえいていこくはくらんかい》の
使節団《しせつだん》として
メンバーと共《とも》に
南《みなみ》アフリカ
オーストラリア
ニュージーランドの
各地《かくち》をまわり
ハワイでの休暇《きゅうか》を経《へ》て
アメリカを訪《おとず》れ
そしてイギリスへ
帰国《きこく》したのです
旅《たび》は充実《じゅうじつ》した
ものでしたが
恐《おそ》れていたとおり
アーチボルドは仕事《しごと》を
失《うしな》っていました
私《わたし》 なんとか本《ほん》を
書《か》いてみるわ
それで少《すこ》しでも
お金《かね》になるのなら
ぼくもすぐに新《あたら》しい
仕事《しごと》を探《さが》すよ

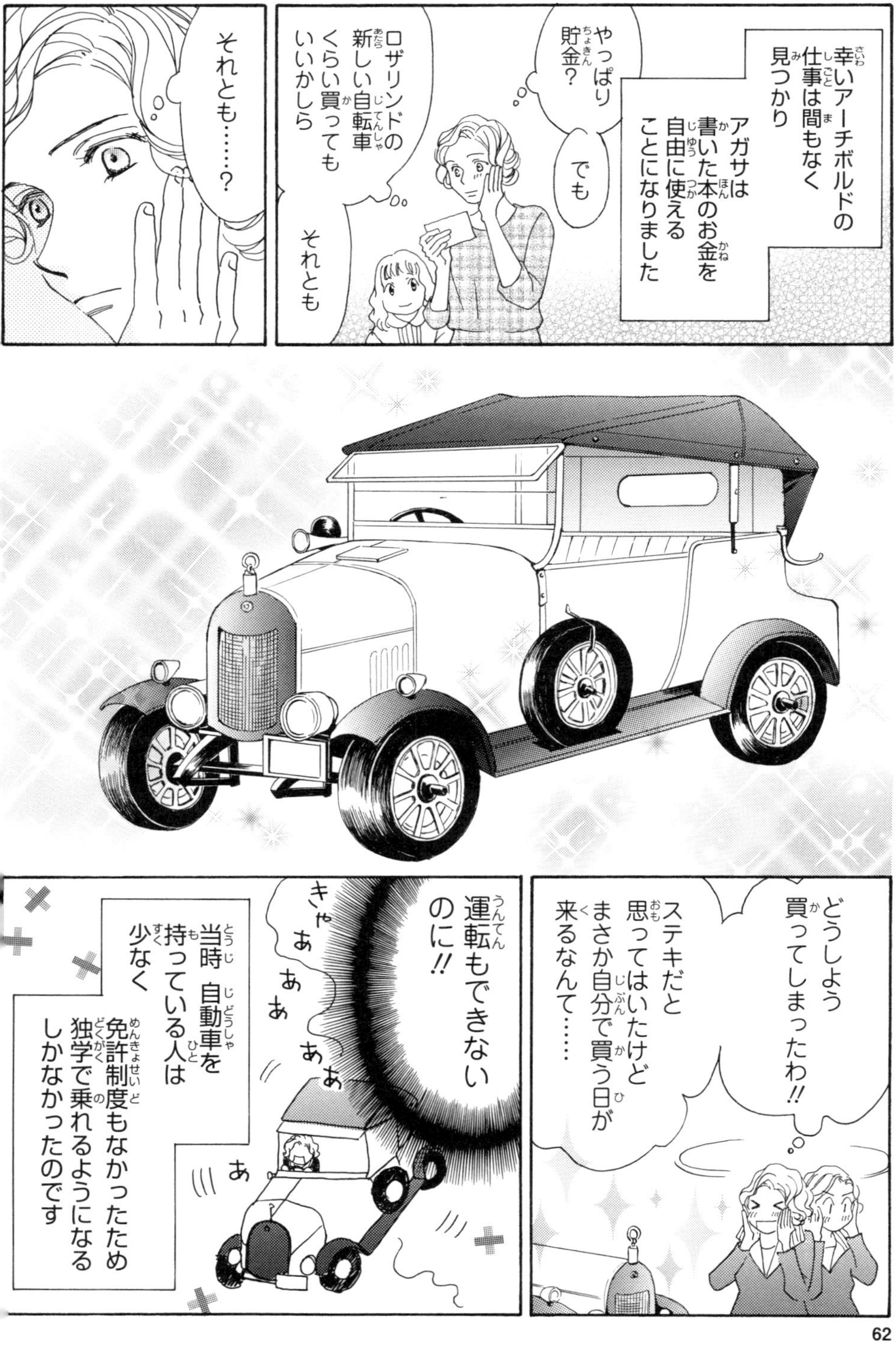
幸《さいわ》いアーチボルドの仕事《しごと》は間《ま》もなく見《み》つかり
アガサは書《か》いた本《ほん》のお金《かね》を自由《じゆう》に使《つか》えることになりました
やっぱり貯金《ちょきん》？
でも
ロザリンドの新《あたら》しい自転車《じてんしゃ》くらい買《か》ってもいいかしら
それとも
それとも……？
どうしよう買《か》ってしまったわ!!
ステキだと思《おも》ってはいたけどまさか自分《じぶん》で買《か》う日《ひ》が来《く》るなんて……
運転《うんてん》もできないのに!!
きゃあああああ
当時《とうじ》 自動車《じどうしゃ》を持《も》っている人《ひと》は少《すく》なく
免許制度《めんきょせいど》もなかったため独学《どくがく》で乗《の》れるようになるしかなかったのです

そう これも冒険《ぼうけん》でした！
……ああ でも
自分《じぶん》が選《えら》んだ どんなところへも 行《い》くことができる
アッシュ フィールドへも！
お母《かあ》さんを 乗《の》せてドライブに だって行《い》けるのよ!!
なんて 素敵《すてき》なの!! 想像《そうぞう》以上《いじょう》だわ！
この頃《ころ》アガサは 昔《むかし》イーデン・フィルポッツに 紹介《しょうかい》された著作権代理人《ちょさくけんだいりにん》の 事務所《じむしょ》を訪《たず》ねています
初《はじ》めまして
エドモンド・コークです
私《わたし》 自分《じぶん》の作品《さくひん》が 本《ほん》になるのが嬉《うれ》しくて 出版《しゅっぱん》の契約《けいやく》について あまりにも無知《むち》なまま きてしまったと思《おも》うんです
……たしかに そのようですね

だから
著作権代理人《ちょさくけんだいりにん》をお願《ねが》いできるかしら
もちろん
お任《まか》せください
ほどなくしてエドモンド・コークはアガサに新《あたら》しい出版社《しゅっぱんしゃ》を紹介《しょうかい》しました
この後《あと》 長《なが》くアガサの作品《さくひん》を出版《しゅっぱん》しつづけることになる
ウィリアム・コリンズ社《しゃ》です
THE MURDER OF ROGER ACKROYD
Agatha Christie
コリンズ社《しゃ》のためにアガサが最初《さいしょ》に書《か》いた小説《しょうせつ》が『アクロイド殺《ごろ》し』でした
ねえねえ!
アガサ・クリスティーの新作《しんさく》 読《よ》んだ?
『アクロイド殺《ごろ》し』でしょう?
もちろんよ面白《おもしろ》かったわ!
でも……あのトリックはどうなのかしら?
私《わたし》 びっくりして
ちょっとずるいんじゃないの?って思《おも》ってしまったわ

だけどうそはついてない
全《すべ》てのヒントはきちんと書《か》かれてた
そうね実際《じっさい》……
面白《おもしろ》かったわ
ものすごく!
『アクロイド殺《ごろ》し』は内容《ないよう》の面白《おもしろ》さで評判《ひょうばん》になると同時《どうじ》に
今《いま》までにない驚《おどろ》くようなトリックが大《おお》きな話題《わだい》になりました
アガサ・クリスティーは今《いま》や作家《さっか》として有名《ゆうめい》な存在《そんざい》になりつつあったのです
けれど アガサ自身《じしん》はこの時《とき》もまだ
面白《おもしろ》いものを楽《たの》しく書《か》いているだけという考《かんが》えでした
そんな中《なか》──……
一九二六年《ねん》36歳《さい》のアガサに大《おお》きな悲《かな》しみが訪《おとず》れました

体調《たいちょう》を崩《くず》していた最愛《さいあい》の母《はは》
クララが亡《な》くなったのです
お母《かあ》さん
お母《かあ》さん……!!
……主《あるじ》をなくしてしまったわね
アッシュフィールド

……ここは お母《かあ》さんの家《いえ》だった お母《かあ》さんが いたから
ここがずっと
私《わたし》の家《いえ》だった……
悲《かな》しみに追《お》いうちを かけるように この2年後《ねんご》 アガサは アーチボルドとも別《わか》れることに なりました
いつの間《ま》にか心《こころ》がすれ違《ちが》って しまったふたりは 離婚《りこん》する ことになったのです……
お母《かあ》さん……？
ロザリンド お嬢《じょう》ちゃん
だめですよ
お母《かあ》さんはお仕事《しごと》 なんですから
私《わたし》と 遊《あそ》びましょう
はあい
……書《か》きたく ない……

ちっとも面白《おもしろ》いと思《おも》えないし
全然《ぜんぜん》 楽《たの》しくない
なのに なぜ書《か》かなければならないの?
書《か》くという約束《やくそく》がされているから
書《か》くことで収入《しゅうにゅう》が得《え》られるから
書《か》くことが
書《か》くことが私《わたし》の
……仕事《しごと》だから……
楽《たの》しみのためでなく生活《せいかつ》のために
『青列車《あおれっしゃ》の秘密《ひみつ》』を書《か》きあげた時《とき》
アガサは本当《ほんとう》の「作家《さっか》」になったのかもしれません
AGATHA CHRISTIE
THE MYSTERY OF THE BLUE TRAIN

第《だい》4章《しょう》 新《あたら》しい「冒険《ぼうけん》」

※中央《ちゅうおう》アメリカの東《ひがし》、南北《なんぼく》アメリカ大陸《たいりく》のあいだに弓《ゆみ》なりに連《つら》なる島群《とうぐん》の総称《そうしょう》

いいえ
オリエント急行《きゅうこう》を使《つか》ったの
オリエント急行《きゅうこう》……！
私《わたし》一度《いちど》乗《の》ってみたいと思《おも》っていたの！
それなら ぜひ行《い》ってらして
モースルやバスラの町《まち》
ウルもおすすめよ
ウル！
レナード・ウーリーが発掘《はっくつ》ですばらしい成果《せいか》をあげたところね
雑誌《ざっし》で読《よ》んだばかりだわ！
アガサはすぐに旅行代理店《りょこうだいりてん》にかけこみました
急《きゅう》で申《もう》し訳《わけ》ないけれど行《い》き先《さき》を変更《へんこう》したいの
オリエント急行《きゅうこう》でイスタンブールまで
そこから車《くるま》でバグダッドへ行《い》くわ……！

憧《あこが》れていたシンプロン・オリエント急行《きゅうこう》に乗《の》って
未知《みち》の世界《せかい》へ行《い》く
ミラノ ベオグラード イスタンブール
ロンドン
カレー
パリ
ミラノ
ウィーン
ベオグラード
イスタンブール
アテネ
ダマスカス
バグダッド
そこからダマスカスへ
砂漠《さばく》を越《こ》えてバグダッドまで……
なんて素敵《すてき》な冒険《ぼうけん》……!

それにしても
オリエント急行《きゅうこう》って本当《ほんとう》に色《いろ》んな国《くに》の色《いろ》んな人《ひと》が乗《の》ってるのね
カリ カリ。。。
アメリカ人 宣教師
オランダ人 牧師
トルコ人 婦人
〝列車《れっしゃ》の中《なか》〟っていうシチュエーションも使《つか》えるわ
限《かぎ》られた時間《じかん》 限《かぎ》られた空間《くうかん》に 否応《いやおう》なく閉《と》じこめられる人《ひと》びと
被害者《ひがいしゃ》も犯人《はんにん》もその中《なか》にいる
逃《に》げ場《ば》はない
最高《さいこう》の舞台《ぶたい》だわ……!
アガサは小説作《しょうせつづく》りの職人《しょくにん》になりつつありました

※ ものごとの全体《ぜんたい》の内容《ないよう》などを考《かんが》え、組《く》み立《た》てること

オリエント急行《きゅうこう》は無事《ぶじ》にイスタンブールの駅《えき》に到着《とうちゃく》し
そこから先《さき》は砂漠横断《さばくおうだん》の旅《たび》になりました
何《なに》もない……
鳥《とり》の声《こえ》さえ
こんな静《しず》けさははじめてだわ

こんなに美《うつく》しい夜明《よあ》けも
……ああ
来《き》てよかった……!
はじめて――……
バグダッドを経《へ》て
興味《きょうみ》を持《も》っていたウルの遺跡《いせき》を訪《おとず》れ……
発掘《はっくつ》を指揮《しき》しています
レナード・ウーリーです
お会《あ》いできて光栄《こうえい》ですわ!
妻《つま》のキャサリンです
わたくし あなたの大《だい》ファンですの!
『アクロイド殺《ごろ》し』本当《ほんとう》に面白《おもしろ》かったですわ!
ありがとうございます
発掘《はっくつ》の様子《ようす》を見学《けんがく》することもできました

すごい……
はじめて見《み》るものばかり！
……ウルはいかがです？
最高《さいこう》に楽《たの》しいですわ！興味深《きょうみぶか》いことばかりで……
考古学者《こうこがくしゃ》になりたいぐらい！
まあ
今回《こんかい》のご旅行《りょこう》はクリスマスまでのご予定《よてい》でしたわね
ええ
でしたら年《とし》が明《あ》けたらまたぜひいらして！
ご案内《あんない》したいところが他《ほか》にもたくさんありますの
ありがとうございます！

年《とし》が明《あ》け 一九三〇年《ねん》
約束通《やくそくどお》り 再《ふたた》び訪《おとず》れた ウルの発掘現場《はっくつげんば》には
はじめまして アガサさん
マックス・マローワンという25歳《さい》の青年《せいねん》がいました
もう5年《ねん》も レナード・ウーリーの助手《じょしゅ》をなさっているんですって?
ええ 先日《せんじつ》は たまたま 休《やす》んでいまして
今回《こんかい》 お会《あ》いできて うれしいです
マックスに案内《あんない》させますから
ネジェルとケバラの遺跡《いせき》を見《み》ていらして
すばらしい寺院《じいん》がありますのよ
あ……
でもマックスの休《やす》みをそんなことに使《つか》わせるのは申《もう》し訳《わけ》ないわ
大丈夫《だいじょうぶ》です
休《やす》みといっても特《とく》にすることもないですし

※過去《かこ》の人類《じんるい》の文化《ぶんか》を研究《けんきゅう》する学問《がくもん》

ギュルルルル・・・
砂《すな》にタイヤを取《と》られてしまったようですね
少《すこ》し待《ま》っていただけますか
ええ もちろん
あふ…
アガサさん 本当《ほんとう》に申《もう》し訳《わけ》ない……

すぴー
すぴー
へたをすると何日《なんにち》も誰《だれ》も通《とお》らない場所《ばしょ》だったのよね？
1時間《じかん》で助《たす》けが現《あらわ》れるなんて本当《ほんとう》に幸運《こううん》ね！
……アガサさんはすごいですね
え？

あんなことに なったらふつうの人《ひと》は パニックになりますよ
でも あなたと きたら…… 取《と》りみだしたり 叫《さけ》んだりする どころか
あんなところで ぐっすり眠《ねむ》って いるんですから
……驚《おど》きました！
どこでも寝《ね》られる のは私《わたし》の特技《とくぎ》なの！
素敵《すてき》です
……

その後《ご》も発掘隊《はっくつたい》のみんなとギリシャ旅行《りょこう》などを楽《たの》しむ予定《よてい》だったアガサなのですが
途中《とちゅう》のホテルで姉《あね》のマッジから何通《なんつう》もの電報《でんぽう》が送《おく》られてきていたことがわかりました
ロザリンドが……
肺炎《はいえん》で重態《じゅうたい》……!?
当時《とうじ》の肺炎《はいえん》は今以上《いまいじょう》に深刻《しんこく》でこわい病気《びょうき》でした
私《わたし》行《い》かなきゃ
娘《むすめ》のところへ……
アガサさん落《お》ちついて!
オリエント急行《きゅうこう》の一番早《いちばんはや》い便《びん》でも4日《か》かかります
すぐに切符《きっぷ》を手配《てはい》します
でも私《わたし》今《いま》すぐ帰《かえ》らなきゃ!
一番新《いちばんあたら》しい電報《でんぽう》には「回復《かいふく》してきている」とあったのでしょう?
大丈夫《だいじょうぶ》
きっと大丈夫《だいじょうぶ》よ!

ギリシャ
アテネ
カタン
マックス……!?
これからみんなとギリシャ旅行《りょこう》じゃ
予定《よてい》を変更《へんこう》しました
私《わたし》も国《くに》へ帰《かえ》ります
あなたとご一緒《いっしょ》しますよ

ありがとう
マックス
心強《こころづよ》いわ……！
アガサの姉《あね》
マッジの家《いえ》
ロザリンド!!
ママ……
1週間後《しゅうかんご》
ロザリンドは
すっかり回復《かいふく》して
学校《がっこう》へと戻《もど》って
いきました

※イギリスのロンドンにある世界最大級《せかいさいだいきゅう》の博物館《はくぶつかん》

そうして
アガサの家《いえ》を
訪《おとず》れたマックスは
アガサ親子《おやこ》と
楽《たの》しい週末《しゅうまつ》を
過《す》ごしました
昼間《ひるま》は
ダートムアへ
ドライブ
夜《よる》はみんなでゲーム……
おやすみなさい
おやすみなさい
……マックスは
本当《ほんとう》に居心地《いごこち》の
いい人《ひと》だわ
彼《かれ》と友人《ゆうじん》に
なれてよかった
コンコン
どうぞ?

あの　この本《ほん》……
ありがとう
ございました
面白《おもしろ》かったです
そう？
よかったわ
……
あの……
？
私《わたし》と結婚《けっこん》
してくれませんか

無理《むり》よ
どうして
あなた私《わたし》より13歳《さい》も歳下《としした》なのよ……
そんなことは関係《かんけい》ありません
私《わたし》はずっと考《かんが》えていたんです
あなたのこと あなたとの結婚《けっこん》のこと
そして思《おも》ったんです
もう一度《いちど》会《あ》ってみたらわかる
その考《かんが》えが正《ただ》しいか正《ただ》しくないか
私《わたし》は間違《まちが》ってなかった
あなたといると私《わたし》は楽《たの》しい
あなたと私《わたし》はわかり合《あ》える

アガサ あなただって
そう感《かん》じているでしょう？
……
でも そんなのって
……大変《たいへん》な冒険《ぼうけん》よ
私《わたし》にとっては冒険《ぼうけん》じゃありません
あなたにとっては冒険《ぼうけん》ですか？
危険《きけん》を冒《おか》すのは……嫌《いや》ですか？
……いいえ
私《わたし》はいつだって冒険《ぼうけん》してきた
冒険《ぼうけん》を楽《たの》しんできた

これが 新《あたら》しい
冒険《ぼうけん》だとしたら
飛《と》びこんでみるのが私《わたし》
そうよ 人生《じんせい》は 一度《いちど》きりだもの……
わかったわ マックス
私《わたし》たち 結婚《けっこん》しましょう
アガサ……！
この年《とし》の九月《がつ》
ふたりは小《ちい》さな教会《きょうかい》で 幸《しあわ》せな結婚式《けっこんしき》を 挙《あ》げたのです

第《だい》5章《しょう》　ミステリーの女王《じょおう》

一九三〇年《ねん》に刊行《かんこう》された
『牧師館《ぼくしかん》の殺人《さつじん》』には
アガサの生《う》みだした
新《あたら》しい探偵《たんてい》が登場《とうじょう》しました
ミス・マープル
真実《しんじつ》を見通《みとお》す力《ちから》
最悪《さいあく》の人間《にんげん》を見《み》ぬいてもなお それを そのまま受《う》けいれる優《やさ》しさ……
私《わたし》 このキャラクターが好《す》きだわ
マープルはこの後《あと》長《なが》きにわたりアガサの作品《さくひん》に登場《とうじょう》しつづけ
ポアロと並《なら》ぶ名探偵《めいたんてい》として知《し》られるようになっていくのです

※ イギリスで、文化《ぶんか》・学術《がくじゅつ》・芸能《げいのう》・スポーツ面《めん》で功績《こうせき》をあげた人《ひと》に国王《こくおう》が与《あた》える爵位《しゃくい》のこと

アガサの執筆活動《しっぴつかつどう》も
マックスの発掘《はっくつ》も
そしてふたりの生活《せいかつ》も
穏《おだ》やかで順調《じゅんちょう》でした
しかし一九三八年《ねん》の夏《なつ》になると
ヨーロッパの政治情勢《せいじじょうせい》が緊張《きんちょう》を増《ま》し
外国《がいこく》を旅行《りょこう》することは
危険《きけん》になってきました
発掘《はっくつ》に行《い》けないのは残念《ざんねん》だけど今《いま》は仕方《しかた》がないわね
そうだね これまでの研究《けんきゅう》をまとめることにするよ
一九三九年《ねん》
第《だい》二次《じ》世界大戦《せかいたいせん》勃発《ぼっぱつ》……
アガサは人生《じんせい》で2度目《どめ》の
戦争《せんそう》を迎《むか》えることになりました
軍《ぐん》に志願《しがん》した
マックスは
一九四〇年《ねん》になると
救援活動《きゅうえんかつどう》の任務《にんむ》に就《つ》き
トルコへと旅立《たびだ》って
行《い》きました
アガサは第《だい》一次《じ》
世界大戦《せかいたいせん》の時《とき》の
経験《けいけん》を活《い》かし
薬剤師《やくざいし》として
大学病院《だいがくびょういん》に
勤《つと》めはじめました

そして 夜《よる》と週末《しゅうまつ》は ほとんどの時間《じかん》を
本《ほん》を書《か》くことに 費《つい》やしたのです
一九四一年《ねん》 ドイツ軍《ぐん》による ロンドンへの空襲《くうしゅう》も始《はじ》まり
戦争《せんそう》は激《はげ》しさを 増《ま》していきました
そんな中《なか》でも アガサは書《か》きつづけ
そして読《よ》まれ つづけました
アガサ・ クリスティーは 全部貸《ぜんぶか》しだし 中《ちゅう》なの!?
図書貸しだし
アガサの本《ほん》 読《よ》みやすくて 大好《だいす》きなのに……
クリスティーの ミステリーは最高《さいこう》だ
謎解《なぞと》きに夢中《むちゅう》に なっている時間《じかん》だけは 嫌《いや》な戦争《せんそう》のことも つらい生活《せいかつ》のことも 忘《わす》れられるからなあ
明日《あす》どうなるか わからない世《よ》の中《なか》 だから……
ポアロとマープルの 話《はなし》はきちんと完結《かんけつ》 させておきたいわ
もし私《わたし》に 何《なに》かあっても
ポアロとマープルが 大切《たいせつ》な家族《かぞく》の力《ちから》に なってくれるように……

この時《とき》
書《か》きあげられたのが
ポアロ最後《さいご》の事件《じけん》
『カーテン』と
ミス・マープル
最後《さいご》の事件《じけん》
『スリーピング・マーダー』でした
AGATHA
agatha christie
Sleeping Murder
ロザリンドは
戦争《せんそう》が始《はじ》まった直後《ちょくご》に
ヒューバート・プリチャード少佐《しょうさ》と結婚《けっこん》
マシューという
息子《むすこ》を授《さず》かって
いました
しかしヒューバートは
この戦争《せんそう》で帰《かえ》らぬ人《ひと》と
なったのです
人《ひと》びとの生活《せいかつ》に
心《こころ》に……大《おお》きな
傷跡《きずあと》を残《のこ》して
第二次世界大戦《だいじせかいたいせん》は
一九四五年《ねん》にようやく
終《お》わりを迎《むか》えました
マックス……
……アガサ

なにやらにおうんだが……
プス
プス
プス
……マックス
あなた13キロは太《ふと》ったわね
ピッタリそれぐらいだ
きみもあんまりやせなかったな
ジャガイモばっかり食《た》べてたせいよ
アガサは54歳《さい》
おかえりなさい……!
マックスは41歳《さい》を迎《むか》えていました

私《わたし》 戦争中《せんそうちゅう》に
ずいぶんとたくさん
小説《しょうせつ》を書《か》いたのよ
自分《じぶん》で驚《おどろ》いてしまったわ！
きっと どこにも遊《あそ》びに出《で》かけられなかったからね
だけど そのおかげで
読者《どくしゃ》はきみの作品《さくひん》をたくさん読《よ》めて満足《まんぞく》しているんじゃないかな
アガサ・クリスティーの人気《にんき》は今《いま》や不動《ふどう》のものになっていました
AGATHA CHRISTIE'S
DEATH ON THE
戦後《せんご》相《あい》ついで舞台化《ぶたいか》・映画化《えいがか》され
イギリス王室《おうしつ》から作品《さくひん》の依頼《いらい》まで来《き》たのです
AGATHA CHRISTIE'S
EVIL UNDER THE SUN
A MURDER IS
「国王《こくおう》ジョージ6世《せい》の母《はは》
メアリー皇太后《こうたいごう》の80歳《さい》の
お祝《いわ》いの一環《いっかん》として
30分《ぷん》のラジオドラマにできる作品《さくひん》が欲《ほ》しい」
……ですって！
これってとても
名誉《めいよ》なことよね！

この時《とき》 アガサが書《か》いた『三匹《びき》の盲目《もうもく》のねずみ』という短編《たんぺん》は
後《のち》に『ねずみとり』という題《だい》で舞台化《ぶたいか》されました
舞台《ぶたい》は今《いま》なお上演《じょうえん》されており
世界最長《せかいさいちょう》のロングラン公演《こうえん》となっています
The Mousetrap
RISTIE'S THE MOUSETRAP – WORLD'S LO
作品《さくひん》はいつもすんなり生《う》まれたわけではありません
私《わたし》 どうしたのかしら
何《なに》も浮《う》かばない！
どうやって書《か》いたらいいのかわからない
もう小説《しょうせつ》なんて書《か》けないわ!!
そうだね
去年《きょねん》も一昨年《おととし》もそう言《い》ってたね
今年《ことし》は違《ちが》うの！
本当《ほんとう》に書《か》けないのよ!!

※舞台《ぶたい》で劇《げき》を演《えん》じることを目的《もくてき》に書《か》かれた文学作品《ぶんがくさくひん》

※教育《きょういく》・科学《かがく》・文化《ぶんか》の国際交流《こくさいこうりゅう》を通《とお》して互《たが》いの国《くに》の理解《りかい》を深《ふか》め、協力《きょうりょく》して世界平和《せかいへいわ》を実現《じつげん》しようとする国際連合《こくさいれんごう》の機関《きかん》。国連教育科学文化機関《こくれんきょういくかがくぶんかきかん》の略称《りゃくしょう》

75歳《さい》を過《す》ぎてまだ書《か》いていられる……
読《よ》んでもらえるというのは本当《ほんとう》に幸《しあわ》せなことだわ
一九七〇年《ねん》 80歳《さい》の年《とし》には80冊目《さつめ》の探偵小説《たんていしょうせつ》『フランクフルトへの乗客《じょうきゃく》』を書《か》きあげています
この作品《さくひん》は 後《のち》に起《お》こったハイジャック事件《じけん》を先取《さきど》りしていたとして 世界中《せかいじゅう》で話題《わだい》になりました
一九七一年《ねん》には「デイム」※1の位《くらい》を授《さず》けられ
一九七四年《ねん》には映画《えいが》『オリエント急行殺人事件《きゅうこうさつじんじけん》』※2ロイヤル・プレミア・ショーで
エリザベス女王《じょおう》に※3謁見《えっけん》しています
本当《ほんとう》に楽《たの》しかったわ
女王様《じょおうさま》とお食事《しょくじ》できるなんて
一生《いっしょう》ありえないことだと思《おも》ってたもの！
人生《じんせい》で2番目《ばんめ》に興奮《こうふん》したわ！

※1 男性《だんせい》でいう「ナイト」と同《おな》じ
※2 一般公開《いっぱんこうかい》に先立《さきだ》って行《おこな》う試写会《ししゃかい》で、王室《おうしつ》の人《ひと》を招待《しょうたい》するもの
※3 身分《みぶん》の高《たか》い人《ひと》にお目《め》にかかること

2番目《ばんめ》？
じゃあ1番《ばん》はいつだったんだい？
それはね……
はじめて自分《じぶん》の車《くるま》を手《て》に入《い》れた時《とき》よ！
一九七六年《ねん》一月《がつ》十二日《にち》
85歳《さい》でアガサは亡《な》くなりました
一九七三年《ねん》に刊行《かんこう》された『運命《うんめい》の裏木戸《うらきど》』が最後《さいご》のミステリー作品《さくひん》となりました
第《だい》二次《じ》世界《せかい》大戦中《たいせんちゅう》に書《か》かれ死後《しご》に出版《しゅっぱん》される予定《よてい》だった2冊《さつ》のうち
『カーテン』は一九七五年《ねん》に『スリーピング・マーダー』は当初《とうしょ》の希望通《きぼうどお》り亡《な》くなったあとで出版《しゅっぱん》されました
AGATHA MARY CLARISSA
MALLOWAN
DBE

アガサ・クリスティーの代表的《だいひょうてき》な作品《さくひん》といえばミステリー……
探偵小説《たんていしょうせつ》です
人《ひと》が傷《きず》ついたり傷《きず》つけられたりする
そんな内容《ないよう》の小説《しょうせつ》がなぜ
世界一《せかいいち》といわれるほど 人《ひと》びとに愛《あい》されたのでしょうか？
彼女《かのじょ》の作品《さくひん》はどれも見事《みごと》に組《く》みあげられたパズルのようで
謎《なぞ》を解《と》く面白《おもしろ》さを純粋《じゅんすい》に味《あじ》わえるから
そして きっと
作品《さくひん》にあふれる アガサの心《こころ》が読者《どくしゃ》へと力強《ちからづよ》く伝《つた》わるから

私《わたし》は生《い》きている
ことが好《す》き
人生《じんせい》はとても
面白《おもしろ》いものよ

Agatha Christie

ためになる学習《がくしゅう》資《し》料室《りょうしつ》

■もっとよくわかるアガサ・クリスティー

■アガサ・クリスティーの生《い》きた時代《じだい》

■参考文献《さんこうぶんけん》

もっとよくわかる アガサ・クリスティー

基礎知識《きそちしき》
解説《かいせつ》

20世紀《せいき》の世界情勢《せかいじょうせい》

アガサ・クリスティーが生《い》きたのは、科学技術《かがくぎじゅつ》が発達《はったつ》するとともに、世界規模《せかいきぼ》の戦争《せんそう》にみまわれた時代《じだい》でした。

ヨーロッパの産業《さんぎょう》の発展《はってん》

19世紀《せいき》終《お》わりに登場《とうじょう》したガソリンエンジンは、自動車《じどうしゃ》や飛行機《ひこうき》など、乗《の》り物《もの》を大《おお》きく進化《しんか》させました。みるみる進歩《しんぽ》していく乗《の》り物《もの》に、好奇心《こうきしん》おうせいなアガサは大《おお》きな魅力《みりょく》を感《かん》じ、自分《じぶん》で車《くるま》を買《か》ったり、当時《とうじ》まだ事故《じこ》の多《おお》かった飛行機《ひこうき》に乗《の》ったりするなど、時代《じだい》の変化《へんか》を楽《たの》しんでいました。

当時《とうじ》のイギリスは、こうした軍事力《ぐんじりょく》、経済力《けいざいりょく》を背景《はいけい》に、アジアやアフリカなどを植民地《しょくみんち》とし、「大英帝国《だいえいていこく》」と呼《よ》ばれるほど発展《はってん》していきました。

20世紀《せいき》はじめの自動車《じどうしゃ》（ドイツ）

ライト兄弟《きょうだい》の飛行機《ひこうき》（アメリカ）

2度《ど》の世界大戦《せかいたいせん》

1914年《ねん》から18年《ねん》まで続《つづ》いた、人類《じんるい》はじめての世界規模《せかいきぼ》の戦争《せんそう》を「第《だい》一次《じ》世界大戦《せかいたいせん》」、ついで1939年《ねん》から45年《ねん》まで行《おこな》われた2度目《どめ》の大戦《たいせん》を「第《だい》二次《じ》世界大戦《せかいたいせん》」とよびます。どちらの戦争《せんそう》も終戦《しゅうせん》まで長《なが》い年月《ねんげつ》がかかり、人《ひと》びとの生活《せいかつ》は不安定《ふあんてい》な状態《じょうたい》におかれました。

第《だい》二次《じ》世界大戦中《せかいたいせんちゅう》、空襲《くうしゅう》によって破壊《はかい》されたイギリスの町《まち》

アガサも第《だい》一次《じ》世界大戦《せかいたいせん》では、新《しん》婚《こん》そうそう戦地《せんち》に行《い》ってしまった夫《おっと》と、離《はな》れて暮《く》らさなければならなかったり、薬剤師《やくざいし》として働《はたら》きに出《で》たりと、戦争《せんそう》の影響《えいきょう》を受《う》けています。

第《だい》二次《じ》世界大戦中《せかいたいせんちゅう》に万《まん》が一《いち》のことを考《かんが》えたアガサは、ポアロとマープルの最後《さいご》の事件《じけん》を、あらかじめ書《か》きあげていました。

アガサのペンネーム

「アガサ・クリスティー」は本名《ほんみょう》ですが、小説《しょうせつ》を書《か》きはじめたころは、祖父《そふ》の名前《なまえ》をペンネームにしていました。当《とう》時《じ》は女性《じょせい》の権利《けんり》が今《いま》のように認《みと》められておらず、女性《じょせい》が推理小説《すいりしょうせつ》を書《か》くことに引《ひ》け目《め》を感《かん》じていたためです。
20世紀《せいき》に入《はい》ると、ヨーロッパやアメリカでは女性《じょせい》にも男《だん》性《せい》と同《おな》じ権利《けんり》を認《みと》めるべきだという動《うご》きが高《たか》まり、アガサのように、仕事《しごと》で認《みと》められる女性《じょせい》も増《ふ》えていきました。

女性参政権《じょせいさんせいけん》を求《もと》める運動《うんどう》（1912年《ねん》）

基礎知識《きそちしき》
解説《かいせつ》

ユニークな少女時代《しょうじょじだい》

アガサは、ふつうの子《こ》どもたちとはちょっと違《ちが》った少女《しょうじょ》時代《じだい》を過《す》ごしました。

学校《がっこう》に行《い》かなかったアガサ

アガサが子《こ》どもだった時代《じだい》、学校《がっこう》は必《かなら》ずしも誰《だれ》もが行《い》くところではありませんでした。貴族《きぞく》やお金持《かねも》ちなどの上流階級《じょうりゅうかいきゅう》のあいだでは、家庭教師《かていきょうし》をやとって自宅《じたく》で勉強《べんきょう》させることもありました。

アガサの姉《あね》と兄《あに》は学校《がっこう》に通《かよ》いましたが、アガサは母《はは》の教育方針《きょういくほうしん》にしたがい、学校《がっこう》には通《かよ》わず母《はは》から直接教育《ちょくせつきょういく》を受《う》けました。

アガサは同《おな》じ年《とし》ごろの子《こ》どもたちと遊《あそ》ぶ機会《きかい》もなかったため、父《ちち》の書斎《しょさい》にあった本《ほん》を読《よ》みふけってさまざまな分野《ぶんや》の知識《ちしき》を身《み》につけたり、空想《くうそう》の中《なか》で友《とも》だちを作《つく》って遊《あそ》ぶなどしていました。これらの経験《けいけん》が、アガサの作《さっ》家《か》としての才能《さいのう》を育《そだ》てたといえるでしょう。

寄宿学校《きしゅくがっこう》

当時《とうじ》のイギリスの学校《がっこう》の多《おお》くは寄宿学校《きしゅくがっこう》でした。生《せい》徒《と》たちは家族《かぞく》と離《はな》れ、学校《がっこう》の中《なか》にある寮《りょう》で共同生活《きょうどうせいかつ》をし、勉強《べんきょう》だけではなく社会生活《しゃかいせいかつ》も学《まな》んだのでした。「ハリー・ポッター」シリーズで描《えが》かれているホグワーツ魔法魔術学校《まほうまじゅつがっこう》も、寄宿学校《きしゅくがっこう》のひとつです。

イギリスの寄宿学校《きしゅくがっこう》の様子《ようす》

姉《あね》から受《う》けた影響《えいきょう》

アガサが物語《ものがたり》に興味《きょうみ》を持《も》ったのは、姉《あね》マージョリーの影響《えいきょう》が大《おお》きかったといわれています。いくつかの短編小説《たんぺんしょうせつ》を書《か》き、それが雑誌《ざっし》にも掲載《けいさい》されていたマージョリーは、アガサにとってあこがれの存在《そんざい》でした。

自分《じぶん》が書《か》いた小説《しょうせつ》が何度《なんど》となく不採用《ふさいよう》とされても、アガサが書《か》きつづけることができたのは、姉《あね》に追《お》いつきたい、追《お》いこしたいという気持《きも》ちが、エネルギーとなっていたのでしょう。特《とく》に、ミステリー小説《しょうせつ》に関《かん》しては、「姉《あね》とのやりとりがあったから書《か》きつづけることができた」と語《かた》っています。

アガサが、はじめて書《か》いたミステリー小説《しょうせつ》が、『スタイルズ荘《そう》の怪事件《かいじけん》』です。この作品《さくひん》は、書《か》いてから何年《なんねん》か経《た》ったのち、ボドリーヘッド社《しゃ》から出版《しゅっぱん》されました。

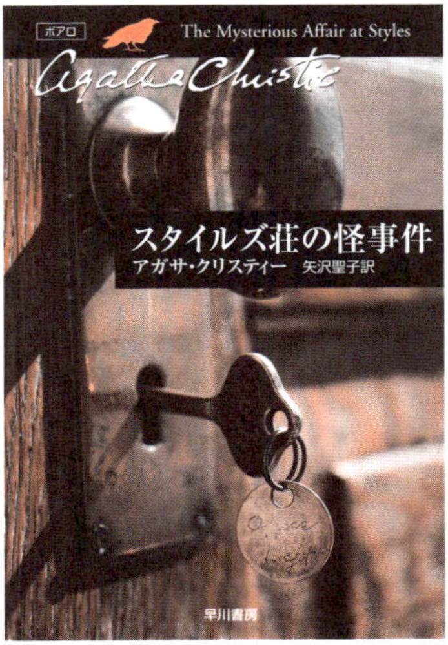

スタイルズ荘《そう》の怪事件《かいじけん》
(矢沢聖子《やざわせいこ》 訳《やく》／ハヤカワ文庫《ぶんこ》)

家《いえ》へのこだわり

アガサは家《いえ》に対《たい》して、大《おお》きなこだわりを持《も》っていました。結婚《けっこん》して実家《じっか》を離《はな》れ、ロンドンに住《す》んで以来《いらい》、何度《なんど》となく引《ひ》っ越《こ》しをしています。「家《いえ》」そのものが好《す》きだったようで、同時《どうじ》に８つの家《いえ》を所有《しょゆう》していたこともありました。特《とく》にお気《き》に入《い》りだったのは、デボン州《しゅう》にある「グリーンウェイ」と名《な》づけられた屋敷《やしき》です。アガサたち家族《かぞく》は、夏《なつ》はいつも、この家《いえ》で過《す》ごしていました。

グリーンウェイハウスの外観《がいかん》
(写真提供：Getty Images)

お嬢様《じょうさま》から貧乏《びんぼう》暮《ぐ》らしへ

アガサの父《ちち》フレデリックは、アメリカの裕福《ゆうふく》な家庭《かてい》に生《う》まれました。フレデリック自身《じしん》は特《とく》に仕事《しごと》をせず、受《う》けついだ財産《ざいさん》を投資家《とうしか》にあずけて、その利益《りえき》で暮《く》らしていました。大金持《おおがねも》ちというわけではありませんでしたが、ふつうの家庭《かてい》に比《くら》べると、じゅうぶんに豊《ゆた》かな暮《く》らしをしていました。

しかし、アガサが6歳《さい》の頃《ころ》、フレデリックは投資《とうし》に失敗《しっぱい》し、財産《ざいさん》がほとんどなくなってしまいました。そこで一家《いっか》は、生活費《せいかつひ》の安《やす》いフランスで暮《く》らします。

その後《ご》、アガサが11歳《さい》のときにフレデリックが亡《な》くなると、一家《いっか》の暮《く》らしはさらに厳《きび》しくなりました。

幼《おさな》い頃《ころ》のアガサと父《ちち》フレデリック

アガサと旅《たび》

子《こ》どもの頃《ころ》から、アガサはいろいろな国《くに》を旅《たび》してきました。当時《とうじ》のイギリスは「大英帝国《だいえいていこく》」とよばれ、世界中《せかいじゅう》に植民地《しょくみんち》を持《も》っていました。それゆえ、イギリスの影響下《えいきょうか》にあった地域《ちいき》（地中海東岸《ちちゅうかいとうがん》やアラビア半島《はんとう》、アフリカなど）への旅《たび》は、国内旅行《こくないりょこう》と同《おな》じような感覚《かんかく》だったのです。

アガサも、母《はは》の体調《たいちょう》が悪《わる》くなったときには、エジプトのカイロで数《すう》か月《げつ》を過《す》ごしました。第一次世界大戦《だいいちじせかいたいせん》の後《あと》では、夫《おっと》のアーチボルドに付《つ》きそって世界一周《せかいいっしゅう》の旅《たび》をしています。

多《おお》くの国《くに》をめぐり、そこに住《す》む人《ひと》びとの暮《く》らしを見《み》てきた経験《けいけん》は、アガサの小説《しょうせつ》において、人物《じんぶつ》や風景《ふうけい》をリアルに描《えが》くことにいきています。それが特《とく》に極《きわ》だつ作品《さくひん》が『オリエント急行殺人事件《きゅうこうさつじんじけん》』で、世界中《せかいじゅう》で愛《あい》されるアガサの代表作《だいひょうさく》になりました。

20世紀《せいき》はじめのイギリス勢力図《せいりょくず》

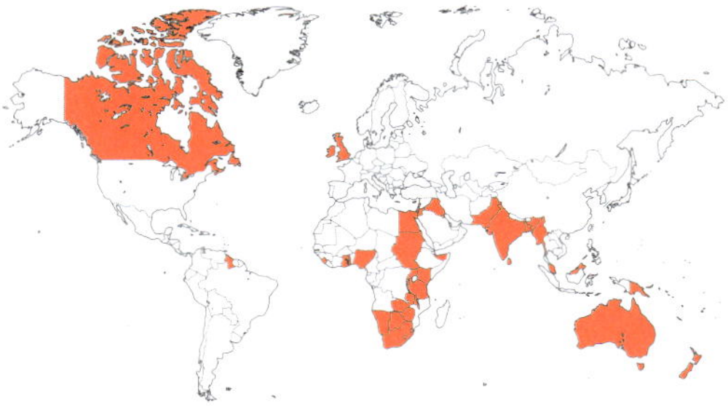

オリエント急行《きゅうこう》とアガサ

1928年《ねん》、アガサは当時《とうじ》の人《ひと》びとのあこがれであった豪華寝台列車《ごうかしんだいれっしゃ》、オリエント急行《きゅうこう》での旅《たび》を経験《けいけん》します。もともとは西《にし》インド諸島《しょとう》への船旅《ふなたび》を予定《よてい》していたのですが、ディナーパーティで勧《すす》められたバグダッドに心《こころ》がときめき、急《きゅう》に予定《よてい》を変更《へんこう》したのでした。

この旅《たび》で、現在《げんざい》のイラクにあるウルという古代都市《こだいとし》の発掘現場《はっくつげんば》を訪《おとず》れたアガサは、翌年《よくねん》も招待《しょうたい》を受《う》けて訪《おとず》れます。そこで、後《のち》に2度目《どめ》の結婚相手《けっこんあいて》となるマックス・マローワンと出会《であ》ったのでした。

アガサと交流《こうりゅう》のあった人《ひと》びと

作家《さっか》として、またひとりの女性《じょせい》としてのアガサを支《ささ》えた人《ひと》びとを紹介《しょうかい》します。

マックス・マローワン

1904年《ねん》生《う》まれ
1978年没《ねんぼつ》

1930年《ねん》にアガサと結婚《けっこん》したマックス・マローワンは、古代《こだい》メソポタミヤの歴史《れきし》などを調《しら》べる考古学者《こうこがくしゃ》でした。アガサも考古学《こうこがく》に興味《きょうみ》を持《も》ち、発掘《はっくつ》を手伝《てつだ》いました。『メソポタミヤの殺人《さつじん》』『ナイルに死《し》す』など、中東《ちゅうとう》を舞台《ぶたい》にした作品《さくひん》も書《か》いています。

マックスは1968年《ねん》、長年《ながねん》の発掘調査《はっくつちょうさ》が評価《ひょうか》され、ナイトの位《くらい》を授《さず》けられます。後《のち》にアガサも勲章《くんしょう》を授《さず》かり、夫婦《ふうふ》そろって叙勲《じょくん》されためずらしい例《れい》となっています。

マックスとアガサ

大英帝国勲章《だいえいていこくくんしょう》

勲章《くんしょう》とは、国《くに》のために大《おお》きな功績《こうせき》をあげた人《ひと》をたたえるためのものです。1917年《ねん》、当時《とうじ》のイギリス国王《こくおう》ジョージ5世《せい》は、文化《ぶんか》や科学《かがく》、スポーツなどですぐれた才能《さいのう》を発揮《はっき》した人《ひと》びとのための「大英帝国勲章《だいえいていこくくんしょう》」を創設《そうせつ》しました。

イーデン・フィルポッツ

1862年《ねん》生《う》まれ
1960年《ねん》没《ぼつ》

イーデン・フィルポッツは、中編《ちゅうへん》・短編《たんぺん》を中心《ちゅうしん》に多《おお》くの小説《しょうせつ》を発表《はっぴょう》し、60歳《さい》をこえてから長編《ちょうへん》の推理小説《すいりしょうせつ》を手《て》がけるようになった作家《さっか》です。

創作《そうさく》をはじめたばかりのアガサの家《いえ》の隣《となり》に住《す》んでいた縁《えん》で、いくつかのアドバイスをしました。

日本《にほん》でも『赤毛《あかげ》のレドメイン家《け》』が翻訳《ほんやく》され、江戸川乱歩《えどがわらんぽ》らによって高《たか》く評価《ひょうか》されています。

エドモンド・コーク

生没年不明《せいぼつねんふめい》

フィルポッツがアガサに紹介《しょうかい》した著作権代理人《ちょさくけんだいりにん》であるエドモンド・コークは、アガサにとって有利《ゆうり》な条件《じょうけん》になるよう、出版契約《しゅっぱんけいやく》を見直《みなお》しました。

彼《かれ》が専属契約《せんぞくけいやく》を結《むす》んだスコットランドのウィリアム・コリンズ社《しゃ》は、アガサの小説《しょうせつ》を出版《しゅっぱん》することで、イギリスを代表《だいひょう》する大出版社《だいしゅっぱんしゃ》となりました。

著作権《ちょさくけん》

アガサたち作家《さっか》（著者《ちょしゃ》）から原稿《げんこう》をあずかった出版社《しゅっぱんしゃ》は、それを本《ほん》の形《かたち》にして売《う》りだします。このとき、印刷《いんさつ》する部数《ぶすう》や内容《ないよう》を、著者《ちょしゃ》にないしょで変《か》えてはいけません。そして、本《ほん》が売《う》れて得《え》た利益《りえき》は、著者《ちょしゃ》ときちんと分《わ》けあわなくてはなりません。本《ほん》の「中身《なかみ》」は著者《ちょしゃ》のものだからです。これが、「著作権《ちょさくけん》」の考《かんが》え方《かた》です。

はじめのころ、アガサは本《ほん》が売《う》れたお金《かね》のうちどれくらいが自分《じぶん》のものになるのか、あまり気《き》にしていませんでした。しかしその道《みち》のプロだったエドモンド・コークがきちんと契約《けいやく》をし直《なお》したことで、ベストセラー作家《さっか》にふさわしい収入《しゅうにゅう》を得《え》られるようになったのです。

基礎知識《きそちしき》
解説《かいせつ》

アガサが生《う》みだした名探偵《めいたんてい》

アガサが生《う》んだふたりの名探偵《めいたんてい》は、時代《じだい》をこえて世界中《せかいじゅう》の人《ひと》びとに愛《あい》されています。

エルキュール・ポアロ

名探偵《めいたんてい》ポワロ【完全版《かんぜんばん》】全巻《ぜんかん》 DVD《ディーブイディー》-SET《セット》 販売元《はんばいもと》：ハピネット

ベルギーに生《う》まれたポアロは、第《だい》一次世界大戦《じせかいたいせん》で祖国《そこく》がドイツに攻《せ》めこまれたため、イギリスに避難《ひなん》して暮《く》らすようになりました。

ベルギーで警察官《けいさつかん》をしていたため、証拠《しょうこ》や証言《しょうげん》をもとに推理《すいり》を組《く》みたてるのが得意《とくい》です。親友《しんゆう》のアーサー・ヘイスティングズを相棒《あいぼう》に、多《おお》くの難事件《なんじけん》を解決《かいけつ》しました。

日本国内《にほんこくない》での人気《にんき》

1925年《ねん》、延原謙《のぶはらけん》の翻訳《ほんやく》により、ポアロが活躍《かつやく》する『クラブのキング』という短編《たんぺん》が紹介《しょうかい》されました。これが、日本《にほん》ではじめて出版《しゅっぱん》されたアガサの小説《しょうせつ》です。

翌年《よくねん》には『アクロイド殺《ごろ》し』が翻訳《ほんやく》され、以後続々《いごぞくぞく》と作品《さくひん》の紹介《しょうかい》が進《すす》みました。今《いま》ではほとんどの作品《さくひん》が翻訳《ほんやく》され、「アガサ・クリスティー賞《しょう》」という新人賞《しんじんしょう》が作《つく》られるなど、ミステリーといえばアガサ・クリスティーというほどに、日本《にほん》の読者《どくしゃ》に親《した》しまれています。

小柄《こがら》で丸顔《まるがお》、ぴんとした口《くち》ひげを生《は》やした親《した》しみやすいキャラクターが人気《にんき》で、何度《なんど》となく映画《えいが》やテレビドラマにもなっています。

ミス・マープル

19世紀末《せいきまつ》、ロンドンの、貴族《きぞく》でもまずしくもないふつうの家庭《かてい》に生《う》まれたミス・マープルは、独身《どくしん》のままひとり暮《ぐ》らしをしている老婦人《ろうふじん》です。

小説家《しょうせつか》である甥《おい》と仲間《なかま》たちに自宅《じたく》を貸《か》すことがあり、そこで甥《おい》たちの語《かた》るふしぎな事件《じけん》をすらすらと解決《かいけつ》して、人《ひと》びとを驚《おどろ》かせました。

ミス・マープルの特徴《とくちょう》は、犯罪捜査《はんざいそうさ》らしいことをいっさいしないところにあります。語《かた》られた事件《じけん》の様子《ようす》を自分《じぶん》の経験《けいけん》に重《かさ》ねあわせて、手《て》に取《と》るように犯人《はんにん》の心理《しんり》をあばいていくのです。

ポアロと同《おな》じく映《えい》像化作品《ぞうかさくひん》の多《おお》いミス・マープル。ジョーン・ヒクソンが演《えん》じたテレビシリーズが有名《ゆうめい》です。

ミス・マープル【完全版《かんぜんばん》】DVD-BOX1《ディーブイディー ボックス》 販売元《はんばいもと》：ハピネット

ポアロ、マープルのライバルたち

世界一《せかいいち》の名探偵《めいたんてい》は誰《だれ》か。推理小説《すいりしょうせつ》ファンのあいだでは、しばしばこのような議論《ぎろん》がもちあがります。
イギリスには、誰《だれ》もが知《し》っているシャーロック・ホームズがいます。また、フランスの怪盗《かいとう》アルセーヌ・ルパンも、国《くに》をゆるがす大事件《だいじけん》に人知《ひとし》れず立《た》ちむかいます。日本《にほん》では江戸川《えどがわ》乱歩《らんぽ》の「少年探偵団《しょうねんたんていだん》」シリーズの明智小五郎《あけちこごろう》や、横溝正史《よこみぞせいし》の作品《さくひん》に登場《とうじょう》する金田一耕助《きんだいちこうすけ》も人気《にんき》の名探偵《めいたんてい》です。

明智小五郎《あけちこごろう》が出《で》てくる「少年探偵団《しょうねんたんていだん》」シリーズ（ポプラ社《しゃ》）

アガサがのこした作品《さくひん》

アガサは長編小説《ちょうへんしょうせつ》66作《さく》、中編《ちゅうへん》・短編《たんぺん》あわせて156作《さく》のほか、多《おお》くの作品《さくひん》を残《のこ》しました。その一部《いちぶ》を紹介《しょうかい》します。

アクロイド殺《ごろ》し

1926年《ねん》

イギリスの田園都市《でんえんとし》、キングズ・アボット村《むら》で、裕福《ゆうふく》な未亡人《みぼうじん》、フェラーズ夫人《ふじん》が睡眠薬《すいみんやく》の飲《の》みすぎで亡《な》くなったのに続《つづ》き、大富豪《だいふごう》のアクロイド氏《し》までもが殺《ころ》されました。アクロイド氏《し》の姪《めい》に頼《たの》まれてやってきたポアロは、物語《ものがたり》の語《かた》り手《て》である医師《いし》とともに事件《じけん》の捜査《そうさ》に乗《の》りだします。

長編《ちょうへん》ミステリー6作目《さくめ》となる本作《ほんさく》は、物語《ものがたり》そのものの作《つく》りに関《かか》わる壮大《そうだい》なトリックが大《おお》きな議論《ぎろん》の的《まと》となりました。

この作品《さくひん》の成功《せいこう》で、アガサはベストセラー作家《さっか》の仲間入《なかまい》りをはたしました。

（羽田詩津子《はたしずこ》 訳《やく》／ハヤカワ文庫《ぶんこ》）

日本《にほん》のプロも愛《あい》するアガサ

多《おお》くの作家《さっか》にとって、アガサは目標《もくひょう》、あこがれでした。映画監督《えいがかんとく》の市川崑《いちかわこん》もそのひとりで、ミステリー作品《さくひん》の脚本《きゃくほん》を合作《がっさく》する際《さい》のペンネームとして、「クリスティー」をもじった「久里子亭《くりすてい》」を使《つか》うことがありました。また、女性作家《じょせいさっか》の山村美紗《やまむらみさ》は、そのトリックの見事《みごと》さから「日本《にほん》のアガサ・クリスティー」とよばれました。

オリエント急行殺人事件《きゅうこうさつじんじけん》 1934年《ねん》

ヨーロッパ大陸《たいりく》を横断《おうだん》する長距離列車《ちょうきょりれっしゃ》、オリエント急行《きゅうこう》。乗客《じょうきゃく》は目的地《もくてきち》に着《つ》くまでの数日間《すうじつかん》、走《はし》る豪華《ごうか》ホテルのような寝台車《しんだいしゃ》で過《す》ごします。

大雪《おおゆき》で列車《れっしゃ》が停《と》まってしまった朝《あさ》、アメリカ人《じん》の大富豪《だいふごう》ラチェット氏《し》が、全身《ぜんしん》を12か所《しょ》も刺《さ》されて殺《ころ》されているのが発見《はっけん》されました。たまたま同《おな》じ列車《れっしゃ》に乗《の》りあわせていたポアロが捜査《そうさ》に乗《の》りだすと、ラチェット氏《し》の正体《しょうたい》がある残酷《ざんこく》な殺人事件《さつじんじけん》の犯人《はんにん》だったということが明《あき》らかになります。

雪《ゆき》で立《た》ち往生《おうじょう》している列車《れっしゃ》からは、誰《だれ》も抜《ぬ》けだすことができません。ラチェット氏《し》を殺《ころ》した犯人《はんにん》は、まだ列車《れっしゃ》の中《なか》にいるはずです。誰《だれ》が、なぜ、ラチェット氏《し》を殺害《さつがい》したのか……。ポアロの灰色《はいいろ》の脳細胞《のうさいぼう》が動《うご》き出《だ》します。

豪華列車《ごうかれっしゃ》というゴージャスな舞台《ぶたい》と、あっと驚《おどろ》く結末《けつまつ》で、アガサの代表作《だいひょうさく》となっています。実際《じっさい》に起《お》きた誘拐殺人事件《ゆうかいさつじんじけん》と、アガサ自身《じしん》のオリエント急行《きゅうこう》での旅《たび》の体験《たいけん》がいかされた作品《さくひん》です。

(神鳥統夫《かんどりのぶお》 訳《やく》／ポプラ社《しゃ》)

映像《えいぞう》で親《した》しまれるアガサ作品《さくひん》

映像化《えいぞうか》されることも多《おお》いアガサの作品《さくひん》。1974年《ねん》に製作《せいさく》された『オリエント急行殺人事件《きゅうこうさつじんじけん》』はファンの多《おお》い作品《さくひん》で、2017年《ねん》にもあらためて映画化《えいがか》されています。

また、日本《にほん》オリジナルのテレビドラマとして、同《おな》じく2017年《ねん》に『そして誰《だれ》もいなくなった』が制作《せいさく》されました。

1974年版《ねんばん》の映画《えいが》『オリエント急行殺人事件《きゅうこうさつじんじけん》』のDVD《ディーブイディー》
販売元《はんばいもと》：NBC《エヌビーシー》ユニバーサル・エンターテイメント

ABC《エービーシー》殺人事件《さつじんじけん》

1936年《ねん》

A《エー》から始《はじ》まる名前《なまえ》の街《まち》で、イニシャルA《エー》・A《エー》の人物《じんぶつ》が殺《ころ》された事件《じけん》。犯人《はんにん》はB《ビー》、C《シー》……の順《じゅん》で同《おな》じように殺人《さつじん》を行《おこな》うと警察《けいさつ》に予告《よこく》し、そのとおりに実行《じっこう》していきます。

（百々佑利子《ももゆりこ》 訳《やく》／ポプラ社《しゃ》）

ポアロはこの連続殺人《れんぞくさつじん》に、単《たん》にアルファベット順《じゅん》というだけではない裏《うら》の理由《りゆう》があるのではと推理《すいり》し、犯人《はんにん》の本当《ほんとう》のねらいを追《お》いはじめます。

覚《おぼ》えやすいタイトルで、アガサ・クリスティーの名前《なまえ》を知《し》らなくてもこの作品《さくひん》のことは聞《き》いたことがあるという人《ひと》も多《おお》いのではないでしょうか。

そして誰《だれ》もいなくなった

1939年《ねん》

謎《なぞ》の人物《じんぶつ》にまねかれて、離《はな》れ小島《こじま》に集《あつ》まった10人《にん》の男女《だんじょ》。屋敷《やしき》での夕食《ゆうしょく》どき、どこからともなく彼《かれ》らが犯《おか》した罪《つみ》をあばく声《こえ》が聞《き》こえてきます。

その夜《よる》から、彼《かれ》らはひとりずつ殺《ころ》されていき、死体《したい》がひとつ増《ふ》えるたび

40年《ねん》経《た》っても変《か》わらない人気《にんき》

2016年《ねん》9月《がつ》、アガサが亡《な》くなって40年《ねん》にあたり、イギリスで記念切手《きねんきって》が発行《はっこう》されました。

『オリエント急行殺人事件《きゅうこうさつじんじけん》』や『そして誰《だれ》もいなくなった』などをモチーフにした6枚《まい》1組《くみ》のこの切手《きって》は、熱《ねつ》で色《いろ》が変《か》わる特殊《とくしゅ》なインクが使《つか》われたり、虫眼鏡《むしめがね》を使《つか》わないと読《よ》めないくらいの文字《もじ》が書《か》きこまれていたりと、ミステリーの女王《じょおう》にふさわしい仕掛《しか》けがもりこまれた、楽《たの》しい切手《きって》となっています。

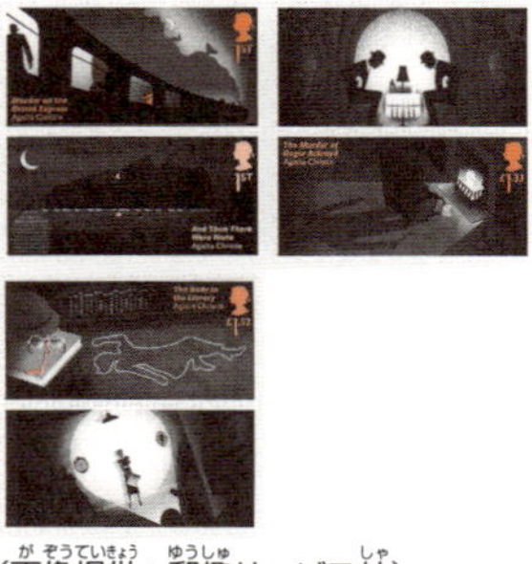
（画像提供《がぞうていきょう》：郵趣《ゆうしゅ》サービス社《しゃ》）

（青木久恵《あおきひさえ》 訳《やく》／ハヤカワ文庫《ぶんこ》）

に、屋敷《やしき》に飾《かざ》られていた10体《たい》の兵隊《へいたい》の人形《にんぎょう》がひとつずつ減《へ》っていきます。残《のこ》された人《ひと》びとは、この中《なか》の誰《だれ》が犯人《はんにん》なのか、互《たが》いに相手《あいて》を疑《うたが》いあいながら、恐怖《きょうふ》の時間《じかん》を過《す》ごしていくことになるのです。

ポアロやマープルといった、おなじみの名探偵《めいたんてい》は出《で》てきませんが、ストーリーとトリックのたくみさから、アガサの最高傑作《さいこうけっさく》ともいわれています。

劇作家《げきさっか》としても活躍《かつやく》したアガサ

アガサは舞台演劇《ぶたいえんげき》の脚本《きゃくほん》（戯曲《ぎきょく》）も手《て》がけています。もっともヒットした『ねずみとり』は、1952年《ねん》の初演以降《しょえんいこう》、なんと現在《げんざい》までロングラン上演《じょうえん》されつづけています。

2000年《ねん》には上演回数《じょうえんかいすう》が2万回《まんかい》をこえ、世界一長《せかいいちなが》く上演《じょうえん》されている演劇作品《えんげきさくひん》としても有名《ゆうめい》です。

『ねずみとり』が上演《じょうえん》されている、ロンドンのセント・マーティンズ・シアター

日本《にほん》クリスティー協会《きょうかい》

100か国語《こくご》をこえる言語《げんご》に翻訳《ほんやく》され、10億冊以上《おくさついじょう》が出版《しゅっぱん》されたといわれるアガサの作品《さくひん》。ファンも世界中《せかいじゅう》に広《ひろ》がっています。

日本《にほん》にも、正式《せいしき》に認《みと》められたファンクラブ、日本《にほん》クリスティー協会《きょうかい》があります。アガサが晩年《ばんねん》を過《す》ごし、亡《な》くなった家《いえ》にちなんで、「ウィンタブルック・ハウス」とよばれています。

基礎知識《きそちしき》
年表《ねんぴょう》

アガサ・クリスティーの生《い》きた時代《じだい》

年表《ねんぴょう》の見方《みかた》
年齢《ねんれい》はその年《とし》の満年齢《まんねんれい》を表《あらわ》しています。

西暦《せいれき》	年齢《ねんれい》	アガサ・クリスティーの生涯《しょうがい》	世界《せかい》と日本《にほん》の主《おも》な出来事《できごと》
1890年《ねん》		9月《がつ》15日《にち》、イギリスに移住《いじゅう》したアメリカ人《じん》実業家《じつぎょうか》フレデリック・ミラーと、イギリス人《じん》クララ・ベーマーの次女《じじょ》として、トーキイで生《う》まれる。	第《だい》一回《かい》衆議院議員総選挙《しゅうぎいんぎいんそうせんきょ》。フィンセント・ファン・ゴッホ死去《しきょ》。
1895年《ねん》	5歳《さい》	誕生日《たんじょうび》に子犬《こいぬ》のトニーをプレゼントされる。財産管理人《ざいさんかんりにん》が投資《とうし》に失敗《しっぱい》、一家《いっか》は次第《しだい》に財政難《ざいせいなん》に。	
1896年《ねん》	6歳《さい》	父親《ちちおや》の健康状態《けんこうじょうたい》が悪化《あっか》し、一家《いっか》で南《みなみ》フランスに半年間《はんとしかん》移住《いじゅう》。このときフランス語《ご》を習得《しゅうとく》する。帰国後《きこくご》、ドイツ人音楽教師《じんおんがくきょうし》フロイライン・ウーデルについてピアノを始《はじ》める。	第《だい》一回《かい》夏季《かき》オリンピックがアテネで開催《かいさい》。アルフレッド・ノーベル死去《しきょ》。
1901年《ねん》	11歳《さい》	11月《がつ》、父《ちち》フレデリックが急性肺炎《きゅうせいはいえん》で亡《な》くなる。	ノーベル賞創設《しょうそうせつ》。
1902年《ねん》	12歳《さい》	9月《がつ》、姉《あね》マッジがジェームズ・ワッツと結婚《けっこん》。	初《はつ》の映画館《えいがかん》がロサンゼルスで開業《かいぎょう》。

1905年《ねん》	15歳《さい》	トーキイにあるミス・ガイヤーの学校《がっこう》ではじめて学園生活《がくえんせいかつ》を経験《けいけん》する。 冬《ふゆ》からパリの寄宿学校《きしゅくがっこう》に留学《りゅうがく》。本格的《ほんかくてき》に声楽《せいがく》とピアノに打《う》ちこむ。	
1906年《ねん》	16歳《さい》	バリトン歌手《かしゅ》ブーエ、テノール歌手《かしゅ》ジャン・ド・レスクに師事《しじ》し、18か月《げつ》の留学生活《りゅうがくせいかつ》を送《おく》る。音楽《おんがく》に打《う》ちこむも才能《さいのう》がないと悟《さと》り挫折《ざせつ》。 冬《ふゆ》、母親《ははおや》とカイロへ旅行《りょこう》。社交界《しゃこうかい》にデビューする。	
1908年《ねん》	18歳《さい》	インフルエンザからの回復期《かいふくき》に、母親《ははおや》に勧《すす》められて短編《たんぺん》『美女《びじょ》の家《いえ》』を書《か》く。作品《さくひん》を複数《ふくすう》の雑誌社《ざっししゃ》に送《おく》るも、不採用《ふさいよう》。近隣《きんりん》に住《す》んでいたイーデン・フィルポッツに長編《ちょうへん》『砂漠《さばく》の雪《ゆき》』についてアドバイスを受《う》ける。	
1914年《ねん》	24歳《さい》	ダンスパーティで出会《であ》ったアーチボルド・クリスティーと結婚《けっこん》。 第《だい》一次《じ》世界大戦中《せかいたいせんちゅう》、トーキイの陸軍病院《りくぐんびょういん》で篤志看護師《とくしかんごし》として働《はたら》く。薬局勤務《やっきょくきんむ》を通《とお》して毒薬《どくやく》の知識《ちしき》を得《え》る。	第《だい》一次《じ》世界大戦勃発《せかいたいせんぼっぱつ》。

西暦《せいれき》	年齢《ねんれい》	アガサ・クリスティーの生涯《しょうがい》	世界《せかい》と日本《にほん》の主《おも》な出来事《できごと》
1916年《ねん》	26歳《さい》	処女作《しょじょさく》『スタイルズ荘《そう》の怪事件《かいじけん》』を2週間《しゅうかん》で書《か》きあげ、名《めい》探偵《たんてい》エルキュール・ポアロが誕生《たんじょう》する。	
1918年《ねん》	28歳《さい》	夫《おっと》アーチボルドが空軍省《くうぐんしょう》に転属《てんぞく》。ロンドンに引《ひ》っ越《こ》す。	第《だい》一次《じ》世界《せかい》大戦《たいせん》終結《しゅうけつ》。
1919年《ねん》	29歳《さい》	8月《がつ》5日《か》、娘《むすめ》ロザリンド誕生《たんじょう》。	
1920年《ねん》	30歳《さい》	ボドリーヘッド社《しゃ》の編集者《へんしゅうしゃ》ジョン・レーンに見出《みいだ》され『スタイルズ荘《そう》の怪事件《かいじけん》』が刊行《かんこう》。	国際連盟《こくさいれんめい》ができる。
1923年《ねん》	33歳《さい》	夫《おっと》アーチボルドとともに世界《せかい》一周旅行《しゅうりょこう》へ。	
1924年《ねん》	34歳《さい》	『茶色《ちゃいろ》の服《ふく》の男《おとこ》』の印税《いんぜい》で自動車《じどうしゃ》を購入《こうにゅう》。秘書《ひしょ》のシャーロット・フィッシャーを雇《やと》う。	第《だい》一回冬季《かいとうき》オリンピックがフランスのシャモニーで行《おこな》われる。
1926年《ねん》	36歳《さい》	『アクロイド殺《ごろ》し』が刊行《かんこう》。母《はは》クララが亡《な》くなる。	
1928年《ねん》	38歳《さい》	『青列車《あおれっしゃ》の秘密《ひみつ》』が刊行《かんこう》。	

1928年《ねん》	38歳《さい》	4月《がつ》、アーチボルドとの離婚《りこん》が成立《せいりつ》。5月《がつ》、『アクロイド殺《ごろ》し』が演劇《えんげき》として上演《じょうえん》される。	
1929年《ねん》	39歳《さい》	兄《あに》モンティが亡《な》くなる。知人《ちじん》の話《はなし》を聞《き》き、オリエント急行《きゅうこう》に乗《の》って旅《たび》に出《で》る。	ニューヨーク証券取引所《しょうけんとりひきじょ》で株価《かぶか》が大暴落《だいぼうらく》。
1930年《ねん》	40歳《さい》	1月《がつ》、メソポタミヤ旅行中《りょこうちゅう》に考古学者《こうこがくしゃ》マックス・マローワン（当時《とうじ》25歳《さい》）と知《し》り合《あ》い、9月《がつ》11日《にち》に結婚《けっこん》。ミス・マープル初登場作品《はつとうじょうさくひん》、『牧師館《ぼくしかん》の殺人《さつじん》』が刊行《かんこう》。	
1934年《ねん》	44歳《さい》	『オリエント急行殺人事件《きゅうこうさつじんじけん》』が刊行《かんこう》。作中《さくちゅう》の驚異的《きょういてき》なトリックが注目《しゅうもく》を集《あつ》める。	
1936年《ねん》	46歳《さい》	『ABC《エービーシー》殺人事件《さつじんじけん》』ほか2冊《さつ》の推理小説《すいりしょうせつ》が刊行《かんこう》。	
1939年《ねん》	49歳《さい》	『そして誰《だれ》もいなくなった』が刊行《かんこう》。	第《だい》二次《じ》世界大戦勃発《せかいたいせんぼっぱつ》。
1941年《ねん》	51歳《さい》	夏《なつ》、薬剤師《やくざいし》として大学病院《だいがくびょういん》に勤務《きんむ》。	
1943年《ねん》	53歳《さい》	第《だい》二次《じ》世界大戦中《せかいたいせんちゅう》、万《まん》が一のことを考《かんが》えて、ポアロ最後《さいご》の事件《じけん》『カーテン』と、ミス・マープル最後《さいご》の事件《じけん》『スリーピング・マーダー』を執筆《しっぴつ》。	

西暦《せいれき》	年齢《ねんれい》	アガサ・クリスティーの生涯《しょうがい》	世界《せかい》と日本《にほん》の主《おも》な出来事《できごと》
1945年《ねん》	55歳《さい》	ルネ・クレール監督《かんとく》『そして誰《だれ》もいなくなった』映画化《えいがか》。	第《だい》二次《じ》世界大戦終結《せかいたいせんしゅうけつ》。
1950年《ねん》	60歳《さい》	イラクにて『アガサ・クリスティー自伝《じでん》』の執筆《しっぴつ》を開始《かいし》。 ミス・マープルシリーズの『予告殺人《よこくさつじん》』が刊行《かんこう》。 メアリー皇太后《こうたいごう》80歳《さい》の誕生祝《たんじょういわ》いにラジオドラマ『三匹《びき》の盲目《もうもく》のねずみ』を執筆《しっぴつ》。	
1952年《ねん》	62歳《さい》	『三匹《びき》の盲目《もうもく》のねずみ』が『ねずみとり』と改題《かいだい》され、上演《じょうえん》される（世界最長《せかいさいちょう》のロングラン興行《こうぎょう》として今《いま》も上演《じょうえん》されている）。	
1960年《ねん》	70歳《さい》	夫《おっと》マックスが、大英帝国勲章《だいえいていこくくんしょう》を授《さず》かる。	
1961年《ねん》	71歳《さい》	ユネスコが、アガサを世界最高《せかいさいこう》のベストセラー作家《さっか》であると認定《にんてい》。	人類初《じんるいはつ》の有人人工衛星《ゆうじんじんこうえいせい》が、地球《ちきゅう》一周《しゅう》に成功《せいこう》。
1965年《ねん》	75歳《さい》	『アガサ・クリスティー自伝《じでん》』を書《か》きあげる。	

1970年《ねん》	80歳《さい》	80冊目《さつめ》のミステリー小説《しょうせつ》『フランクフルトへの乗客《じょうきゃく》』が刊《かん》行《こう》。後《のち》に、実際《じっさい》に起《お》こったハイジャック事件《じけん》を先どりしていたとして世界中《せかいじゅう》で話題《わだい》に。	日本政府《にほんせいふ》、核拡散防止条約《かくかくさんぼうしじょうやく》に調《ちょう》印《いん》。日本万国博覧会《にほんばんこくはくらんかい》。
1971年《ねん》	81歳《さい》	大英帝国勲章《だいえいていこくくんしょう》を授《さず》かる。	
1973年《ねん》	83歳《さい》	最後《さいご》のミステリー小説《しょうせつ》『運命《うんめい》の裏木戸《うらきど》』が刊行《かんこう》。10月《がつ》、心臓発作《しんぞうほっさ》に襲《おそ》われる。	第四次中東戦争《だいじちゅうとうせんそう》で、オイルショックが起《お》きる。
1974年《ねん》	84歳《さい》	映画《えいが》『オリエント急行殺人事件《きゅうこうさつじんじけん》』のロイヤル・プレミア・ショーでエリザベス女王《じょおう》に拝謁《はいえつ》。	
1975年《ねん》	85歳《さい》	ポアロ最後《さいご》の事件《じけん》『カーテン』が刊行《かんこう》。	
1976年《ねん》	86歳《さい》	1月《がつ》12日《にち》、ロンドン近郊《きんこう》の自宅《じたく》で亡《な》くなる。死後《しご》にミス・マープル最後《さいご》の事件《じけん》『スリーピング・マーダー』が刊行《かんこう》。	南北《なんぼく》ベトナムが統一《とういつ》され、ベトナム戦争《せんそう》が終結《しゅうけつ》。
1977年《ねん》		『アガサ・クリスティー自伝《じでん》』が刊行《かんこう》。	

参考文献

『アガサ・クリスティー自伝(上・下)』

アガサ・クリスティー著　乾信一郎訳　早川書房

『アガサ・クリスティーの秘密ノート(上・下)』

アガサ・クリスティー&ジョン・カラン著　山本やよい・羽田詩津子訳　早川書房

『アガサ・クリスティーと訪ねる南西イギリス』

津野志摩子著　PHP研究所

『アガサ・クリスティー生誕100年記念ブック』

早川書房

協力／Agatha Christie Limited (www.agathachristie.com)

漫画：瑞樹奈穂（みずき・なほ）

漫画家。月刊「LaLa」（白泉社）にてデビュー。『友達と恋人と私』で第17回アテナ新人大賞新人賞受賞。『雨にもまけず粗茶一服』（原作：松村栄子）を「ピアニッシモ」（ポプラ社）にて連載。代表作として『フラガール』（映画『フラガール』のコミック版。白泉社）、『コミック版世界の伝記14　松尾芭蕉』、『コミック版世界の伝記29　グレース・ケリー』（ともにポプラ社）がある。現在は主にウェブコミックで活躍中。

監修：北澤和彦（きたざわ・かずひこ）

翻訳家。1951年、東京生まれ。東北大学卒。出版社勤務時代、アガサ・クリスティーの著作を担当。その後、翻訳家に。日本推理作家協会会員。

本文・見返しイラスト／ank
編集協力／鈴木丈二（manic）
写真提供／The Christie Archive Trust（P.110）、With kind permission of Mathew Prichard（後ろ見返し）、Getty Images(総扉)

コミック版　世界の伝記㊳
アガサ・クリスティー

2018年1月　第1刷

漫　画　瑞樹奈穂
発行者　長谷川 均
編　集　小林夏子
発行所　株式会社ポプラ社
〒160-8565　東京都新宿区大京町 22-1
振　替　00140-3-149271
電　話　☎ 03-3357-2216（編集）
☎ 03-3357-2212（営業）
URL www.poplar.co.jp
印刷・製本　図書印刷株式会社

ISBN978-4-591-15676-6　N.D.C.289　126 p　23cm　Printed in Japan

コミック版 世界の伝記

発明《はつめい》や発見《はつけん》、苦境《くきょう》の人《ひと》への献身《けんしん》、時代《じだい》ごとに輝《かがや》いていた偉人《いじん》の生涯《しょうがい》

①エジソン
②アンネ・フランク
③ナイチンゲール
④ヘレン・ケラー
⑤野口英世
⑥キュリー夫人
⑦福沢諭吉
⑧マザー・テレサ
⑨伊能忠敬
⑩ジャンヌ・ダルク
⑪コロンブス
⑫ベートーベン
⑬ガリレオ
⑭松尾芭蕉
⑮ガンジー
⑯ファーブル
⑰北里柴三郎
⑱樋口一葉
⑲ココ・シャネル
⑳宮沢賢治
㉑エリザベス女王1世
㉒円谷英二
㉓ライト兄弟
㉔石ノ森章太郎
㉕ウォルト・ディズニー
㉖クレオパトラ
㉗ノーベル
㉘マリー・アントワネット
㉙グレース・ケリー
㉚夏目漱石
㉛クララ・シューマン
㉜杉原千畝
㉝ルイ・ブライユ
㉞マイヤ・プリセツカヤ
㉟ゴッホ
㊱エカチェリーナ2世
㊲葛飾北斎
㊳アガサ・クリスティー

◆以下続刊◆

情熱《じょうねつ》とは火《ひ》のよう
なもの。

世《よ》の中《なか》に、本当《ほんとう》に心《こころ》
の底《そこ》から悪《わる》い人《ひと》は、

幸《しあわ》せな子《こ》ども時代《じだい》
を送《おく》った人《ひと》は、
もっとも幸運《こううん》な人《ひと》
だといえます。

いいアドバイス
というのは常《つね》に
無視《むし》されるもの
です。
しかし、それは
いいアドバイス